Starke Worte für Manager

Helge Hesse

Starke Worte für Manager

100 ungewöhnliche Zitate
und ihre Bedeutung
für Führung, Organisation und Karriere

Eichborn

Für Rosemarie und Reiner

1 2 3 4 06 05

Umschlaggestaltung: Christiane Hahn
unter Verwendung einer Illustration von Diana Lukas-Nülle
Lektorat: Marit Borcherding
Layout: Susanne Reeh
Satz: Fuldaer Verlagsanstalt, Fulda
Druck und Bindung: Clausen & Bosse, Leck
ISBN 3-8218-5621-1

Verlagsverzeichnis schickt gern:
Eichborn Verlag, Kaiserstraße 66, D-60329 Frankfurt am Main
www.eichborn.de

Inhalt

Vorwort

Starke Worte für Manager ist keine weitere Zitatensammlung. Auch wenn zahlreiche der hier aufgeführten Sätze zuweilen gut bei Reden, Präsentationen oder als Bemerkungen im Laufe von Sitzungen zu platzieren sind, geht es in diesem Buch darum, Gedankenwege aufzuzeigen, die in einem Zitat stecken.

Denn was macht starke Worte aus? Sie alle sind prägnant, pointiert und fassen Sachverhalte, die kompliziert sind oder so erscheinen, treffend zusammen. Sie können motivieren, sogar das ein oder andere Mal Lösungswege aufzeigen. Wie das geschehen kann, dazu soll dieses Buch ein wenig Hilfestellung leisten. Die in diesem Buch versammelten 100 Zitate begleite ich mit Überlegungen, in welchen Managementsituationen der Gedanke des Zitates hilfreich sein kann oder zeige auf, in welche Richtungen das Zitat eventuell auch zu interpretieren ist. Dort, wo ich es für nützlich halte, gebe ich auch Erläuterungen zum Zitat und dem Zitatgeber selbst. In »Starke Worte für Manager« geht es weniger darum, dem nachzuspüren, was der jeweilige Zitatgeber mit seinen Worten selbst alles gemeint haben mag, sondern hier soll spekuliert, reflektiert, gemutmaßt, kurzum, auch gesponnen werden, immer mit dem Hintergedanken, Anregungen für das weite Aufgabenspektrum des Managements zu gewinnen. Die zu den ausgewählten Zitaten dargelegten Gedanken und Deutungen können und wollen nicht erschöpfend sein. Sie sollen vielmehr zu weiterem Nachdenken und Assoziieren ermuntern, sollen zuweilen auch Widerspruch auslösen, oder können Stoff für Diskussionen sein. Denn vor allem soll dieses Buch anregen.

Alle berühmten Personen, deren Feststellungen, Ratschläge, Kommentare, Aphorismen in diesem Buch versammelt sind, eint, dass sie auf ihrem Gebiet Herausragendes geleistet und außergewöhnliche Erfahrungen gesammelt haben. Ob Bruce Springsteen, Andy Warhol, Marilyn Monroe, Oscar Wilde oder Mark Twain, überraschend mag sein, dass fast alle der in diesem Buch Zitierten nicht als Manager in den Geschichtsbüchern stehen. Doch die in »Starke Worte für Manager« versammelten, zuweilen wunderlichen Sätze haben alle einen Nutzen für die Fragen des Managements. Je überraschender diese Blicke oft sind, desto hilfreicher können sie manchmal sein. Denn letztlich ist Management eine Tätigkeit mitten im Leben, beeinflusst vom Leben. Insofern können Erfahrungen aus der Kunst, aus dem Film, der Politik, der Philosophie unglaublich überraschende Lösungswege für konkrete Managementfragen aufzeigen, und warum nicht von denen lernen, die in einem ganz bestimmten Feld besonders erfolgreich waren? Ob Elvis Presley, Pablo Picasso oder Astrid Lindgren, sie alle waren auf ihre Weise Manager. Sie planten ihre beruflichen Schritte, sie mussten sich Herausforderungen des Selbstmanagements stellen, setzten sich Ziele, mussten sie durchsetzen, schmiedeten Pläne, setzten diese um, mussten Auseinandersetzungen begegnen, immer wieder ihre Haltung hinterfragen. Die Worte, die aus diesen Erfahrungen sprechen, gelten in vielen Managementsituationen.

Damit, dass die Auswahl zuweilen bewusst überraschend, manchmal abseitig scheint, ist die Anregung, die Ermutigung, ja die Aufforderung verbunden, kreativ an die breite und sehr bunte Palette von Managementaufgaben heranzugehen. Die Instrumente der Managementlehre sind unverzichtbare Hilfen, um Aufgaben zu lösen. Doch sie können das Denken nicht ersetzen. Erst die individuelle Beurteilung durch den Manager, die Führungskraft, den Menschen, führt zum richtigen Einsatz eines Instrumentes. Dies gilt sowohl für das Selbstmanagement, für die Karriereplanung, als auch für konkrete Aufgabenstellungen bei Organisation, Planung, Führung. Wenn dieses Buch hilft, die eigene Aufmerksamkeit zu verbessern, Sichtweisen zu erweitern, dazu beiträgt, Dinge neu und anders zu kombinieren, Ideen dort zu suchen, wo man sie zuvor vielleicht gar nicht vermutet hat, ist viel erreicht. Das Buch soll aber auch Anregungen für weitere Lektüre geben, soll verweisen auf Ideenwelten anderer Menschen, die auf ihre Weise jedem neue Impulse vermitteln, der die Aufgaben des Lebens und eines Jobs zu bewältigen hat. In diesem Sinne, viel Vergnügen!

Helge Hesse, Düsseldorf im April 2005

Hinweis zur Nutzung des Buches

Zuallererst ist dies ein Lesebuch. Wer es von vorn bis hinten durchliest, wird schnell merken, dass er mit jedem neuen Kapitel einem anderen Schwerpunkt des Managements begegnet. Die Anordnung der Zitate folgt weder einer dramaturgischen noch einer didaktischen Reihenfolge.

Jeder Schwerpunkt hat für die Lösung der vielfältigen Aufgaben im Management Bedeutung. Daher habe ich keine Hierarchiebildung vorgenommen und bei der Anordnung der Kapitel auf eine thematische Ordnung verzichtet.

Damit der Leser aber dennoch ein bestimmtes Thema leicht findet, ist im Anhang ein Schlagwortregister angefügt. Dort kann man unter Stichworten wie etwa »Planung«, »Wettbewerb«, »Führung« die Zitate suchen, die sich in diesem Buch mit dem entsprechenden Thema befassen. Die Liste der 100 Zitate eröffnet eine weitere Möglichkeit der Suche.

Die starken Worte

»Modern ist, wer gewinnt.«

Otto Rehhagel

Obwohl alle seine Erfolge anerkannten, zählte man Otto Rehhagel, als er über sechzigjährig Trainer der griechischen Fußball-Nationalmannschaft wurde, zu den Dinosauriern der Trainerriege. Schon während seiner letzten Tage in der Bundesliga hatte man ihm vorgeworfen, seine Mannschaften einen veralteten Fußball spielen zu lassen. Umso überraschender war es, dass sich die von ihm betreuten Griechen zum ersten Mal in ihrer Geschichte für eine Europameisterschaft qualifizierten. Meist begleitet von einem milden Lächeln gönnte man ihm den Erfolg.

Als dann Rehhagel mit seiner Mannschaft nicht nur das Auftaktspiel gegen den haushohen Favoriten Portugal gewann, sondern sogar in das Viertelfinale einzog, wich bei manchem die Freude über den zweiten Frühling des Trainerhaudegens. Der eine oder andere verwies nun darauf, dass das, was Rehhagels Griechen da auf dem Platz spielten, bei allem Respekt, nicht nur nicht innovativ, sondern sogar Fußball von gestern war. Doch die Hellenen besiegten alle, die angeblich den Fußball der Moderne spielten, marschierten ins Halbfinale, standen schließlich im Finale und Rehhagel konterte alle Kritiker mit den Worten: »Modern ist, wer gewinnt.« Er wurde Europameister. Man kann auch sagen:

»Modern ist, wer Erfolg hat.« Denn die Fähigkeit, sich auf die Rahmenbedingungen einzustellen, mit denen man arbeiten muss – ob es für Rehhagel die gegnerische Mannschaft ist, oder für Unternehmen ein Markt oder eine Zielgruppe –, ist das Entscheidende. Rehhagel will und wollte nicht modern sein, auch um den Preis, nicht den schönsten Fußball zu spielen. Er wollte gewinnen, stellte sich also auf das Spiel ein, das zu spielen war. Das tat er optimal. Andere spielten schöner, aber blieben auf der Strecke. Wer war also modern? Rehhagel fand seine Antwort. Und was war das Geheimnis des Erfolges seiner Mannschaft? Rehhagel verriet auch das: »Früher hat jeder gemacht, was er wollte. Jetzt macht jeder, was er kann.«

»Gäbe es nur eine Wahrheit, könnte man nicht hundert Bilder zum gleichen Thema malen.«

Pablo Picasso

Geht es um Lösungen für Unternehmensprozesse oder aber um Ideen für neue Produkte, immer wieder passiert es, dass verzweifelt nach *der einen* Lösung gesucht wird. Doch die Kunst als Abbild des Lebens beweist seit Jahrtausenden, dass ein und dieselbe Frage immer wieder neu beantwortet werden kann. Die Erkenntnis, die in Pablo Picassos Worten durchscheint, dass die Welt aus vielfältigen Wahrheiten besteht, lässt sich am besten veranschaulichen, wenn man auf die Menschen blickt. Jeder ist in seinem Gefühlsleben und durch seine Biografie einzig. Jeder Mensch ist anders und trägt insofern eine eigene Wahrheit in sich. Da ist es kein Wunder, dass weder die Psychologie noch die Wirtschaftswissenschaft bislang eine schlüssige, handhabbare Antwort gefunden haben auf die Beweggründe, die über Kauf oder Nicht-Kauf beim Konsumenten entscheiden. Ebenso weiß jeder, dass es keine Erfolgsrezepte für ein perfekt laufendes Unternehmen oder für ein neues revolutionäres Produkt gibt. Es existieren im Grunde nur Hinweise. Wie in der Malerei bestimmte Regeln für gute Bilder aufgestellt wurden, etwa die des Goldenen Schnitts, existieren auch Regeln für ökonomische Prozesse. Picasso spielte nicht nur mit den Regeln, indem er beispielsweise zig Versionen des gleichen Motivs immer wieder neu variierte und zu immer neuen verblüffenden Lösungen kam, sondern brach Regeln bewusst, um neues Terrain zu erschließen.

Die Antwort bei der Suche nach Lösungen und nach Innovationen liegt also in der Fähigkeit, die Vielfalt in einem Thema zu erkennen und sie neu zu mixen. So ist etwa der Smart ein Auto, aber weil er das Thema Auto aufgrund völlig anderer Gewichtungen völlig neu darstellt, ist er revolutionär, ein neues, ein anderes Auto. Ist man sich also bewusst, dass es zig Antworten auf die Frage nach dem richtigen Unternehmensprozess oder dem richtigen Produkt gibt, Aussagen wie »Ein Auto ist so und nicht anders« nicht als die Wahrheit ansieht, sondern als Herausforderung, sie zu widerlegen, ist man auf dem richtigen Weg für neue, oft überraschende Lösungen.

»Jemand sagte mir, dass jede mathematische Formel in meinem Buch dessen Verkaufszahl halbieren würde.«

STEPHEN HAWKING

Im Jahr 1988 veröffentlichte der britische Physiker Stephen Hawking das Buch »Eine kurze Geschichte der Zeit«. Das Werk wurde rasch ein Bestseller. Hawking war es gelungen, auf ebenso anschauliche wie auch einfache Weise komplexe Phänomene der Physik wie den Urknall und Schwarze Löcher zu erklären. Auf Formeln verzichtete er. Wenn es darum geht, mögliche Erfolgs- beziehungsweise Misserfolgsfaktoren für Produkte zu nennen, trifft Hawking mit seiner Aussage, wie sich Formeln auf die Verkaufszahlen eines Buches auswirken, ins Schwarze. Im Kern geht es aber in Hawkings Zitat nicht um mathematische Formeln, sondern um alles, was den Eindruck vermittelt, kompliziert, schwer verständlich oder völlig unzugänglich zu sein. Eine Formel ist nichts anderes als die abstrakte Darstellung eines Zusammenhangs und gibt dafür ein gutes Beispiel ab. Denn sie mag für Eingeweihte der schnellere Zugang zum Verständnis sein, für Nichteingeweihte bildet sie aber eine zumeist abschreckende Hürde. Will man also möglichst viele Menschen erreichen, ein möglichst großes Publikum interessieren, möglichst viele Kunden gewinnen, dann sollte man auf Expertensprache und Expertensymbole verzichten und sich der Sprache und der Symbole des Alltags bedienen. Dies gilt für Texte und Bilder der Werbung ebenso wie für die Gestaltung von Produkten. Nur damit kein Missverständnis aufkommt, indem Hawking mathematische Formeln zum Kassengift ernennt, bedeutet das natürlich keineswegs, dass mathematische Formeln in Büchern nichts zu suchen haben, nur muss man sich eben nicht wundern, wenn sich davon nur ein paar Hundert verkaufen lassen, eben an die Eingeweihten oder die, die dazugehören wollen.

Hawking hielt sich an den Rat, den er im Vorwort seines Buches erwähnte. Er nahm nur eine Formel auf: Einsteins $E = mc^2$. Hawking kommentierte trocken, dass er damit seine Leser sicher nicht verängstigt habe.

»Das Wissen muss ein Können werden.«

Carl von Clausewitz

Vom preußischen General Carl von Clausewitz ist vor allem das Zitat »Der Krieg ist die Fortsetzung der Politik mit anderen Mitteln.« bekannt. Ebenso wie »Das Wissen muss ein Können werden.« stammt es aus dem Buch »Vom Kriege«, einem militärischen Lehrbuch, an dem Clausewitz nach Ende der Napoleonischen Kriege viele Jahre arbeitete. Er starb, kurz bevor er es abschließen konnte. Nicht nur in Militärschulen, sondern auch an Managementschulen wird das zum Klassiker der Strategie und Führung avancierte Werk weltweit für den Unterricht genutzt.

Planung und insbesondere Ausbildung waren für Clausewitz im wahrsten Sinne des Wortes kriegsentscheidend. Alle diese Vorraussetzungen für den Erfolg sah er nicht isoliert, sondern sich bedingend. Heute, in einer Zeit, in der sich nicht nur Manager täglich einer Unmenge an Daten und Nachrichten ausgesetzt sehen, ist nicht nur die Auswahl der entscheidenden Information eine Aufgabe für sich. Vor allem ist es heute wie damals von höchster Bedeutung, dass

Erkenntnisse konsequent umgesetzt und nicht ignoriert werden. Dazu gehört nicht nur die Umsetzung von Zielen oder Schritten in einem Problemlösungsprozess oder in einem Projekt, sondern auch und vor allem das langfristige Integrieren von erlangtem Wissen in die tägliche Arbeit. Das bedeutet insbesondere, dass immer wieder auch kritisch nachgefasst werden muss, inwiefern Wissen und Erkenntnisse in Arbeitsprozesse einfließen, welches Wissen man vielleicht zu wenig nutzt, gar vernachlässigt. Eine solche permanente Prüfung ist nicht nur hilfreich für ein Unternehmen, eine Projektgruppe, einen Lösungsprozess, sondern auch im Sinne des Selbstmanagements.

Für Clausewitz bedeutete im Übrigen »Das Wissen muss ein Können werden«, dass Wissen in die Taten übergehen muss und nicht behandelt wird wie Wahrheiten, »in deren Geist und Sinn (man) nicht mehr lebt, und die (man) aus bestaubten Büchern wieder hervorzieht«.

»Wen Gott zerstören will, den macht er zuerst im Showbusiness erfolgreich.«

Francis Ford Coppola

Anstatt »Showbusiness« nehme man einfach eine spannende und ebenso Ruhm versprechende Aufgabe, etwa in einer namhaften Unternehmensberatung, die ein junger Mensch kurz nach dem Studienabschluss ergattert. Oder man denke nur an die zahlreichen Erfahrungen, die viele junge Menschen zu Zeiten des New-Economy-Rausches machten: hohes Einkommen und ebenso viel Prestige. Und dann? Dann ist plötzlich alles vorbei. Mancher glaubte womöglich, den Höhepunkt der Karriere gleich zu Beginn erlebt zu haben, fühlte sich vielleicht wie ein gefallener Kinderstar: überwältigender Erfolg und dann – nichts.

Die Worte des amerikanischen Filmregisseurs Francis Ford Coppola vermitteln die Erkenntnis eines Mechanismus, der für jede berufliche Laufbahn gilt: Schneller und außergewöhnlicher Erfolg ist schwer zu verkraften, zumal er vielfältige Gefahren für die Seele birgt. Coppola vermerkte den Satz 1977 in einem Memo an seine Mitarbeiter. Fünf Jahre zuvor war er durch den atemberaubenden Erfolg des Films »Der Pate« mit nur 33 Jahren zum unangreifbaren neuen Starregisseur in Hollywood aufgestiegen. Nun aber stand er vor dem Abgrund. Das Budget für seinen neuen Film »Apocalypse Now« hatte er hemmungslos überzogen, der Film selbst schien nie fertig zu werden. Coppola drohte auf ganzer Linie zu scheitern. An seinem Beispiel zeigte sich, dass es das eine ist, an die Spitze zu kommen, eine ganz andere Sache aber – vor allem aufgrund der mangelnden Erfahrungen und der plötzlichen Last der erhöhten Verantwortung – sich an der Spitze zu behaupten. Hinzu kommt, dass ein früher Erfolg für sich erst einmal verkraftet werden will. Wie ist es erst mit jenem frühen Erfolg, der einem entrissen wird, noch ehe man begann, ihn überhaupt zu verinnerlichen, wegzustecken?

Coppola kriegte die Kurve. »Apocalypse Now« wurde fertig und ein weiterer sensationeller Erfolg. Heute gilt der Film als Klassiker. Dass außergewöhnlicher Erfolg immer fragil ist, der Absturz umso tiefer geraten kann, mag Coppola wohl bewusst gewesen sein. Konsequenzen hat er nicht daraus gezogen. 1982 ruinierte er sich durch den Flop des Filmes »One from the Heart« und dann, nachdem er mit »Outsiders«

und »Rumble Fish« wieder Erfolge feierte, steuerte er in das finanzielle Desaster von »Cotton Club«. Coppola stand immer wieder auf. Aber nicht jeder ist Coppola.

»Wer höher steigt und größere Aufgaben bekommt, wird nicht freier, er wird nur immer verantwortlicher.«

HERMANN HESSE

Man mag den Satz für eine Binsenweisheit halten, ihn kopfschüttelnd abtun und sagen, das wisse doch jeder. Doch er ist weit mehr als dies. Was ihn an Wert gewinnen lässt, ihn hochinteressant und zu einem guten Ratgeber macht, ist der Nebensatz »wird nicht freier«.

Dass der Satz von Hermann Hesse stammt, scheint auf den ersten Blick verwunderlich. Doch er, der ein bekennender Individualist war, geriet durch seinen zunehmenden Erfolg als Schriftsteller und Dichter – schließlich erhielt er sogar den Nobelpreis – immer stärker in den Mittelpunkt der Öffentlichkeit, wurde zum Ziel von Erwartungen.

Der Mechanismus ist nahezu gleich: Beförderung, Aufstieg. Wer das erreicht, dem wird gratuliert, der erntet Bewunderung, auch Neid. Natürlich kommt der eine oder andere Rat angesichts der gestiegenen Verantwortung. Denn an zweierlei denkt bei höheren Aufgaben gleich jeder: mehr Macht, aber mehr Verantwortung. Was sich aber wenige bewusst machen, oft selbst die Beförderten und Aufgestiegenen nicht, ist der Umstand, dass eine höhere, vermeintlich mächtigere Position keineswegs freier macht, sondern einsamer, und oft ein Höchstmaß an Verantwortung bedeutet. Zugegeben, beinahe jeder Aufstieg geht mit einem Zuwachs an nahezu selbstverständlichen Privilegien einher – Dienstwagen, Spesenkonto, Reisebudget –, auch manche Alltagsaufgabe lässt sich durch Delegieren schneller erledigen. Die Handlungsfreiheit mag sich erweitern, doch neue Verpflichtungen und auch Zwänge kommen hinzu. Höher zu steigen, eine größere Aufgabe wahrzunehmen bedeutet, neuen und vielschichtigeren Erwartungen ausgesetzt zu sein, und diese sind eng verknüpft mit der größeren Verantwortung, die man trägt.

»Die Art der Beleuchtung einer Sache ändert nichts an ihrem Wesen.«

STANISLAW JERZY LEC

Der polnische Lyriker Stanislaw Jerzy Lec wurde vor allem durch seine Aphorismen berühmt. Auch dieser Satz gehört zu diesem Genre kurzer und prägnanter Sinnsprüche. Verknüpft man die Aussage dieses Satzes mit den Aufgabenstellungen im Managementalltag, dann gelangt man auch auf das weite Feld der Darstellung einer Sache, so etwa eines Produktes, das verkauft werden muss. Dies optimal zu tun ist, mit verschiedenen Gewichtungen, die Aufgabe der Marketing-, der Presseabteilung und des Verkaufs. Sie müssen in ihrem Zusammenspiel für die richtige »Beleuchtung« des Produktes sorgen. Doch Lecs Satz zielt auf den wesentlichen Punkt: Die richtige Beleuchtung ist nur ein Mittel, um Aufmerksamkeit zu erregen, auf ein Produkt hinzuweisen. Mehr aber als ein Produkt ins rechte Licht zu setzen, vermag das beste Marketing nicht auszurichten. Auch wenn eine breite Palette an Instrumenten zur Verfügung steht, die bis in die Produktgestaltung hineinreicht, sind letztlich aber doch das Wesen des Produktes, seine Kernidee, sein essenzieller Nutzen, seine Qualität entscheidend für den mittel- bis langfristigen Erfolg beim Kunden. Dennoch besteht oft die Gefahr, beispielsweise in Phasen von Produkteinführungen, dass sich das Projektmanagement zu sehr mit der Darstellung des Produktes auseinander setzt und weniger mit der Ausarbeitung und Vervollkommnung seiner Qualität und somit seines Wesens und seines Charakters. Im besten Falle führt das zu kurzfristigen Erfolgen. Doch auf Dauer sind eben bei einem Produkt wie bei einem Menschen das Wesen und der Charakter entscheidend. Stimmen die nicht, kommt es auch zu keiner Bindung. Sei es die von Mensch zu Mensch oder die von Kunde zu Produkt.

»Neunundneunzig Prozent aller Künstler sind zehn Minuten nach ihrem Tod vergessen.«

EDWARD HOPPER

Wenn diese Feststellung des amerikanischen Malers Edward Hopper stimmt, wie steht es dann um die Halbwertzeit des Bekanntheitsgrades von Managern? Wer erinnert sich noch an die Manager des Jahres, egal welcher Branche? Um die Ironie auf die Spitze zu treiben: Unter Journalisten kursiert sogar der Witz, dass die Kür zum Manager des Jahres das sicherste Anzeichen dafür ist, dass einer dem Ende seines Erfolges nahe ist. Aber im Ernst: Worum es bei Hoppers desillusionierender Feststellung geht, ist nicht die schadenfrohe Kommentierung der Wege alles Irdischen, sondern sie kann als Hinweis dafür genommen werden, wie schnell etwas, sei es eine Sache oder ein Mensch, im Fortgang des Lebens vergessen wird. Wenn es zutrifft, dass neunundneunzig Prozent der Künstler kurz nach ihrem Tod vergessen sind, wie steht es dann mit Menschen in Unternehmen? Wie steht es vor allem um das Verbleiben derjenigen im Gedächtnis, die vermeintlich bedeutsam, besonders wichtig sind oder waren? Wie steht es um den Geschäftsführer, den jeder im Unternehmen kennt, den jeder mit Namen grüßt, vom Azubi über den Pförtner bis hin zum Geschäftsführungskollegen? Wie lange hält seine Bedeutung an? Vor dem Hintergrund, dass die Verweilzeit in einem Unternehmen immer stärker abnimmt, ist es tatsächlich so, dass mancher Angestellte der Haustechnik stärker und länger im Gedächtnis der Menschen in einem Unternehmen bleibt als die Spitzenkraft, die anscheinend nur auf Durchreise war. Dies sollte sich jeder, der sich in einem Moment wichtig und bedeutsam fühlt, bewusst machen. Spätestens, wenn er der Macht und des Einflusses seiner Position ledig ist. Auch wenn er Bedeutendes für sein Unternehmen geleistet hat, wird er merken, wie oft, oder besser gesagt, wie selten sein Telefon eine Woche nach seinem Ausscheiden klingelt.

»Man kriegt sehr viel mehr mit einem freundlichen Wort und einem Gewehr als mit einem freundlichen Wort allein.«

Al Capone

Die Maxime, dass bei einem Zitat die Person, von der die zitierten Worte stammen, mindestens ebenso wichtig ist wie die gesagten Worte selbst, quasi beide zueinander passen müssen, findet hier zu wundervoller Einheit, wenn auch mit bitterem Beigeschmack. Die Aussage, die Al Capone, dem großen Gangsterboss des Chicago der 1920er-Jahre, zugeschrieben wird, passt natürlich fugenlos zu ihrem Absender. Ist sie, angewandt für den Managementalltag, ein Ratschlag, sich der bewaffneten Militanz zu verschreiben? Mitnichten. Denn im Kern geht es bei diesen Worten um Macht, doch ebenso um Selbstbehauptung. Macht, diese abstrakte und doch so konkrete Kraft, die in der Beziehung zwischen Menschen herrscht, ist eine Herausforderung, der sich jeder auf irgendeine Weise stellen muss. Denn Macht ist das wirksamste Mittel zur Durchsetzung von Interessen. Dafür steht Al Capones Gewehr. Zwar wünschen wir uns, sei es in der Nachbarschaft oder beim Besiegeln von Absprachen oder Verträgen, immer einen Ausgang im gütlichen Einvernehmen. Aber wie ist es, wenn es, wie es so schön heißt, »Spitz auf Knopf« kommt? Nehmen wir Al Capones Worte vor dem Hintergrund geschäftlicher Übereinkünfte jeglicher Art, seien es per Handschlag getroffene Absprachen oder Werk-, Arbeits- oder Lieferverträge. In dem Moment, da die reibungslose Erfüllung des gemeinsam Beschlossenen in Gefahr gerät, wenn plötzlich die Interessen der Partner zur Auseinandersetzung zu wachsen drohen, reicht der vormals womöglich freundliche und auch vertrauensvolle Umgang nicht mehr aus. Er ist dann sogar meist vergessen. Dann zählen nur noch Sicherheiten, gilt nur noch die Handhabe. Al Capone hat es wahrscheinlich selten mit freundlichen Worten versucht. Doch ob Al Capone oder nicht, wenn es eng wird, wenn es um das eigene Recht geht, helfen oft keine freundlichen Worte, sondern nur die Sicherheit und die Instrumente, die einem zum Recht verhelfen. Für den lauteren Privat- beziehungsweise Geschäftsmann ist es das Gesetz, sind das die Absprachen in Verträgen und deren Garantie durch den Staat. Dass man Verträge sorgfältig prüft und dort seine Rechte wahrt, gehört daher zum verantwortlichen Handeln im privaten wie im geschäftlichen Bereich. Damit bekommt man das in die Hand, was für Al Capone das Gewehr war, die Macht, seine eigenen Interessen zu wahren.

»Leute, die nach dem Zeitgeist streben, sind automatisch altmodisch.«

VIVIENNE WESTWOOD

Wenn neue Produkte entwickelt werden, wenn neue Kampagnen in Agenturen das Licht der Welt erblicken sollen, summt der Zeitgeist wie eine lästige Fliege durch alle Stufen der Ideenfindung und schließlich auch durch die Phase der Umsetzung. Doch wenn Sätze wie »Das macht man jetzt so!« oder »Das ist der letzte Schrei!« als Argumente für eine Idee gebraucht werden, ist immer Vorsicht geboten. Im Grunde kann man sagen, dass dem letzten Schrei zu folgen nichts anderes ist als der Versuch, einem Geräusch hinterherzulaufen.

Die berühmte britische Modeschöpferin Vivienne Westwood hat sich vor allem einen Namen durch Kreationen gemacht, die immer wieder neue Wege suchen und in erster Linie durch das Überraschende wirken. Vivienne Westwoods Aussage ist vor dem Hintergrund zunehmender Beschleunigung der Innovation, der Trends und damit der Verkürzung von Produktlebenszyklen bedeutsam. Der Versuch, sich einer Mode zu bedienen, um geschäftlichen Erfolg zu haben, wird immer riskanter. Denn der Zug, auf den man aufspringen will, wird zunehmend schneller, die Gefahr danebenzuspringen größer. Nunmehr vor die Wahl gestellt, aktuell sein zu wollen, indem man der Mode nacheifert, oder sich dadurch aus der Masse hervorzuheben, indem man selber durch neue Ideen Impulse gibt, hat sich Vivienne Westwood für Letzteres entschieden. Wer nun sagt: »Logisch! Sie ist ja auch Modeschöpferin. Ihr bleibt ja nichts anderes übrig.« macht es sich zu leicht. Denn letztlich ist die Fähigkeit, sich dauerhaft zu behaupten, auch in anderen Professionen und Branchen eng verknüpft mit eigenständiger Innovationsfähigkeit. Wer nur kopiert und mit dem Strom schwimmt, wird irgendwann mit ihm davongespült werden.

»Man neigt als Fahrer dazu, sich zu überschätzen.«

MICHAEL SCHUMACHER

Kein Autorennfahrer hat den Weltmeistertitel der Formel 1 so oft gewonnen wie er. Michael Schumachers Drang zur Perfektion hat mit beharrlicher Zielstrebigkeit aus dem vormals sorgengeplagten Ferrari-Team eine Truppe gemacht, deren Autos zeitweise den Nimbus der Unschlagbarkeit erreichten. Nicht nur Schumachers Brillanz als Fahrer, sondern auch sein Ehrgeiz, das kleinste Detail der Technik seines Wagens immer weiter zu verbessern, hat erheblichen Anteil an diesem Erfolg. Vor diesem Hintergrund lässt sich Schumachers Aussage als Erkenntnis deuten, dass das Erreichen von vermeintlicher Vollkommenheit in der Technik den Menschen, in diesem Falle den Fahrer, dazu verleitet, die eigenen Möglichkeiten und Fähigkeiten zu hoch einzustufen und so unabsichtlich die eigenen Grenzen zu übertreten. So gesehen ist Schumachers Satz eine Warnung davor, vor dem Hintergrund der Leistungsfähigkeit hoch entwickelter Technik die Begrenztheit der menschlichen Fähigkeiten zu vergessen.

Man kann Schumachers Aussage aber auch noch auf andere Weise lesen und auf Führungsfragen anwenden. Sei es als Fahrer eines Rennwagens oder sei es im Managementalltag als Leiter eines Teams, man kann allzu leicht übersehen, was andere zum Erfolg beitragen, sowohl die Techniker als auch die Teammitarbeiter. So entscheidend die Leistung der Führungskraft unter dem Strich ist, allein wäre der Erfolg nicht möglich. Wer weiß, wie viele Weltmeistertitel Michael Schumacher gewonnen hätte, hätte er sich nicht auf solch herausragende Köpfe wie den Teamchef Jean Todt und den technischen Direktor Ross Brawn verlassen können? Weiter gedacht führt das zu einer Feststellung, die gleichzeitig eine Aufgabe ist: Die Männer und Frauen an der Spitze, in der vordersten Reihe, haben nur dann herausragenden Erfolg, wenn sie verstehen, die richtigen Teammitarbeiter um sich zu scharen und diese auch richtig einzusetzen.

»Nichts macht den Menschen argwöhnischer, als wenig zu wissen.«

FRANCIS BACON

Wenn man von einer Sache wenig oder gar nichts weiß, ist sie einem fremd. Dinge, die einem fremd sind, machen einen oft argwöhnisch, denn man befürchtet, dass mit ihnen etwas auf einen zukommen könnte, das man womöglich nicht beherrscht, das zumindest auf irgendeine Weise unangenehm werden kann. Der englische Philosoph, Politiker und Schriftsteller Francis Bacon, nicht zu verwechseln mit dem im 20. Jahrhundert lebenden Maler gleichen Namens, lebte im England von Elisabeth I. und er starb 1626. Die Welt verdankt ihm entscheidende Impulse für die Etablierung der modernen Wissenschaft, denn seinerzeit wurde Wissen noch unsystematisch gesammelt. Bacon plädierte für eine eindeutige Systematik bei der Wissenssammlung. Das geflügelte Wort »Wissen ist Macht« geht ebenfalls auf ihn zurück. Diese Worte und der Satz, dass nichts den Menschen argwöhnischer macht, als wenig zu wissen, liefern wichtige Hinweise für den Umgang mit Wissen. So sollte man in seinem Kommunikationsverhalten immer darauf achten, dass das Gegenüber nicht den Eindruck gewinnt, dass ihm oder ihr wichtige Informationen vorenthalten werden. Dies gilt für Produktinformationen, die ein Kunde benötigt und erwartet, genauso wie für Daten, die in einem Unternehmensprozess an eine Abteilung übermittelt werden. Erfährt derjenige, der informiert werden soll, dass ihm bewusst oder unbewusst Wissen vorenthalten wird, kann das zur Folge haben, dass dessen Reaktion nicht wie gewünscht ausfällt: Der Kunde zögert mit dem Kauf, die Abteilung macht nicht das, was von ihr erwartet wird, sondern genau das Gegenteil davon. All dies geschieht meist dann gerade aus dem Argwohn, der durch Nichtwissen entstanden ist, gepaart mit der Annahme, dass etwas verschwiegen wurde. Derjenige, der Wissen zu vermitteln hatte, wird es nun erst recht schwer haben, Vertrauen herzustellen.

»Das Unsympathische an Computern ist, dass sie nur ja oder nein sagen können, aber nicht vielleicht.«

BRIGITTE BARDOT

Das Prinzip der Datenverarbeitung basiert auf dem binären System. Alle Zeichen werden aus den Zahlen 0 und 1 zusammengesetzt. Diese duale Logik ist letztlich nichts anderes als die Wahl zwischen Ja und Nein. Zwar arbeiten Computer mit Wahrscheinlichkeiten, antworten auf Fragen sozusagen skaliert, raten also beispielsweise mit 60-prozentiger Wahrscheinlichkeit ab, oder 40-prozentiger Wahrscheinlichkeit zu. Doch ist das ein »Vielleicht«? Es ist erst der Nutzer des Computers, der die Antwort gibt, denn er wertet sie. Er tut dies nicht für Computer, sondern für Menschen. Die benötigen die Antwort. Und für sie entscheidet der Nutzer, ob der Computer »Ja« oder »Nein« oder »Vielleicht« gesagt hat. Insofern sind Brigitte Bardots Worte auch für die Herausforderungen des Managements erhellend. Denn sie verweisen – denkt man ihre Aussage weiter – auf die Tatsache, dass es bei aller Leistungskraft der Instrumente und Hilfsmittel letztlich immer ein Mensch ist, der eine Entscheidung zu treffen hat. Und so eindeutig und so unerlässlich oft ein klares »Ja« und ein klares »Nein« sind, so wichtig ist oft das – so menschliche – »Vielleicht«. Wann was zu sagen ist, das bleibt dann im

Ermessen und in der Verantwortung des Einzelnen. Das Unbehagen, das Brigitte Bardot mit ihren Worten ausdrückte, findet seine Entsprechung in der Skepsis, die solche Managemententscheidungen hervorrufen, die sich allein auf die Ergebnisse von vermeintlich nicht anzuzweifelnden Untersuchungen berufen – das können im übrigen auch computergestützte Studien sein. Allzu oft dient das Argument vom unzweifelhaften »Ja« oder »Nein«, das die Instrumente gaben, als nicht zu diskutierende Vorgabe für das zukünftige Handeln. Ob es nun im guten Glauben geschieht oder als reines Vehikel benutzt wird, Bardots Worte sollten als Aufforderung verstanden werden, nie zu vergessen, welchen Ermessensspielraum bei allem »Ja« und »Nein« der Mensch noch immer hat. Sein »Vielleicht« birgt den Reichtum seiner Kreativität.

»Was verwandelt die geistige Atmosphäre in ein Vakuum? Nichts Eigenes mehr sein zu dürfen.«

GERHART HAUPTMANN

Der große deutsche Dichter Gerhart Hauptmann stellt hier eine Frage und liefert gleich die Antwort dazu. Dadurch gelingt ihm eine Pointe, die in Bezug auf Organisation und Führung interessant ist.

Seitdem Menschen Arbeitsteilung betreiben, steht die Planung von Arbeitsprozessen im Spannungsfeld der Entfaltung individueller menschlicher Stärken auf der einen Seite und der aus Kostengründen oft nicht zu vermeidenden Normierung der Fertigungsabläufe auf der anderen. Planbarkeit von Prozessen, auf die Unternehmen schon aus rein wirtschaftlichen Gründen angewiesen sind, tritt in Wechselwirkung mit den Chancen für Arbeitsergebnisse, die sich aus der Kreativität von Menschen ergeben.

Der Hort von geistigem Engagement, ja von Kreativität ist zu einem großen Teil das Individuelle des Menschen, seine Eigenheit. So wenig bestimmte Normierungen in einer mehr oder minder großen Organisation zu umgehen sind, so entscheidend sind aber für den Erfolg eines Unternehmens die Freiheiten, die es seinen Mitarbeitern lässt. Das Geheimnis des Erfolges ist die Balance zwischen den Regeln für das Ganze und den Freiräumen für den Einzelnen. Jeder wird dieser Feststellung zustimmen, doch in der Managementpraxis werden gerade die Freiheiten oft vernachlässigt.

Indem der Individualität eines Mitarbeiters nicht genügend Freiraum eingeräumt wird, berauben sich viele Teams, Abteilungen oder Unternehmen gewaltiger Ressourcen. Was heißt es, etwas »Eigenes« zu sein? Es heißt, die Stärken eines Mitarbeiters oder eines Kollegen zu fördern und zu nutzen. Es bedeutet aber auch, seine Schwächen zu akzeptieren, nicht zu problematisieren, sondern abzufedern. Das, was Gerhart Hauptmann als »Nichts Eigenes mehr sein zu dürfen« bezeichnet, ist der Ausdruck dafür, was viele Menschen in den verschiedensten Positionen meist unbewusst verinnerlichen, wenn sie ihre Handlungen immer wieder auf ihre Akzeptanz abfragen. Irgendwann denken sie nicht mehr an das, was sie selbst ausmacht, werden unfrei und verkapseln sich in ein Vakuum. Daher heißt es, auf der Hut zu sein vor Einflüssen, die zu solchen Situationen führen können. Es sind Bürokratie und Gruppenzwang durch bestimmte Unternehmensrituale, aber auch Mobbing, die die Gefahr bergen,

Menschen nichts Eigenes mehr sein zu lassen. Kreativität und Innovation bleiben auf der Strecke.

»In einem wohlgeordneten Staat soll man nie Verbrechen mit Verdiensten gegeneinander ausgleichen.«

NICCOLÒ MACHIAVELLI

Das, was der italienische Staatstheoretiker Machiavelli hier als Forderung an einen Staat formuliert, kann man auch auf ein Unternehmen oder ein Team übertragen. Wichtig ist in Machiavellis Satz vor allem das Wort »wohlgeordnet«. Dieses ist hier nicht in dem Sinne einer starren Ordnung zu begreifen, sondern es geht um die Regeln und die Rahmenbedingungen von menschlichen Gemeinschaften.

Gemeinschaften können nur aufgebaut und bewahrt werden, wenn die Menschen, die darin agieren, nach Regeln, nach einer Ordnung handeln. Eine solche Ordnung setzt sich, wie jeder weiß, aus Rechten und Pflichten zusammen. Natürlich bleibt es nicht aus, dass der eine oder andere einmal gegen diese Ordnung verstößt. In diesem Falle halten alle Gemeinschaften Sanktionen oder, genauer gesagt, Strafen bereit. Im Allgemeinen greift auch der Mechanismus, dass dem Verstoß die Bestrafung auf dem Fuß folgt. Doch zuweilen ist ein seltsamer Reflex zu beobachten. Wenn jemand, der sich besondere Verdienste erworben hat, der vielleicht sogar bislang im Guten auf ganz besondere Weise herausragt, einer Verfehlung beschuldigt wird, erheben sich rasch Stimmen, die auf die guten Taten des nunmehr Angeklagten verweisen. Gebührt aber einem, der viel Gutes getan hat, das Recht, Verstöße zu begehen? Nein, werden natürlich auch die antworten, die dafür plädieren, die guten Taten des Angeklagten nicht zu vergessen. Doch dann kommt das »Aber«: Aber man sollte ihn nicht so hart bestrafen, vielleicht sogar die Sache auf sich beruhen lassen. Hier beginnt man schlechte Taten mit guten Taten aufzurechnen, oder wie Machiavelli sagt, man will »Verbrechen mit Verdiensten gegeneinander ausgleichen«. Das darf jedoch nicht geschehen. Denn lässt man dies zu, befindet man sich schon auf dem Weg zu einem nicht mehr so wohlgeordneten Gemeinwesen. Herausragende Leistungen entheben niemanden der Pflicht, die Regeln einer Gemeinschaft zu befolgen. Für den Einzelnen bedeutet das, er darf nicht hoffen dürfen, dass er ungeschoren davonkommt, wenn er gegen die Regeln verstößt. Für die Gemeinschaft heißt das aber auch, sie darf nicht dem Reflex nachgeben, exponierten oder besonders verdienten Personen aus ihren Reihen Sonderrechte einzuräumen. Für einen Staat heißt das, dass jeder Politiker, egal wie groß seine Verdienste sind, immer noch im Rahmen des Rechts handeln muss und wenn er dagegen verstößt, er ohne Wenn und Aber, so traurig es ist, die Konsequenzen erdulden muss. Für ein Unternehmen gilt, dass sich jeder, selbst der besonders herausragende Manager, an die Unternehmensregeln zu halten hat. Man muss sogar sagen: gerade er!

»Ein Image und ein Mensch sind zweierlei. Es ist verdammt schwer, einem Image gerecht zu werden.«

Elvis Presley

Ein Image ist nichts anderes als eine Vorstellung, ein inneres Bild. Es ist das Bild, das man sich vom Wesen und Charakter einer Person, aber auch von einem Unternehmen oder einem Produkt macht. Die Art, wie dieses Bild entsteht, wie es sich formt, ist mannigfaltig, oft diffus. Die Eindrücke eines Menschen setzen sich zusammen aus dem eigenen individuellen Empfinden und aus den Beschreibungen, die andere geben, nicht zuletzt den Bemühungen, die von Imageträgern gemacht werden, um ein gewünschtes Bild entstehen zu lassen.

Insofern setzt sich ein Image aus Gewolltem und Ungewolltem zusammen, aber auch aus Sein und Schein. Naturgemäß ist ein Image also nicht zwangsläufig deckungsgleich mit dem wahren Wesen des betreffenden Menschen, Produktes oder Unternehmens.

Wenn ganz bestimmte Wesenszüge und Eigenschaften zu besonders großem Erfolg führen, setzt ein seltsamer Prozess ein. Derjenige, der den Erfolg hat, wird verführt, die seinem Erfolg zugewiesenen Merkmale zu betonen. So zementiert er ein Image und weckt Erwartungen an sich und an die anderen, dieses immer wieder zu bedienen. Was heißt das für das Image eines Unternehmens, eines Produktes oder eines Menschen?

Zunächst einmal heißt das, sich zu entscheiden, wie wichtig ein Image ist. Dabei ist es interessant zu hinterfragen: Für Unternehmen und Produkte ist ein Image unerlässlich. Warum? Weil sie Konstrukte sind. Brauchen aber Menschen ein Image? Wenn ja, etwa wenn es um Positionen in der Öffentlichkeit oder in Unternehmen geht, sollte sich der Imageträger stets bewusst sein, wie viel von dem Image er selbst ist.

Es gilt, auch für Unternehmen und Produkte, je weiter ein Image von der Realität entfernt ist, desto größer werden letztlich die Schwierigkeiten, es zu bedienen. Denn wahre Identität lässt sich langfristig nicht simulieren.

Elvis Presley, der große Junge, der für so viele der Größte war, ist an den Erwartungen an ihn, den »King«, auf Dauer zerbrochen. Sein phänomenaler Erfolg hat ihn allmählich als menschliches Wesen erdrückt.

»Man kann eine Sache auch zwanzig Jahre lang falsch machen.«

Kurt Tucholsky

Diese Worte des großen deutschen Satirikers und Schriftstellers Kurt Tucholsky kursieren auch in der Variante »Erfahrung heißt gar nichts. Man kann seine Sache auch 35 Jahre schlecht machen.«

Welche Variante man auch heranzieht, beide setzen sich mit der Frage des Wertes von Erfahrungen auseinander. Sind Erfahrungen gut, sind sie wichtig? Ist Unerfahrenheit besser, weil sie unbelastet ist? Bei der Frage nach dem Wert von Erfahrung und Unerfahrenheit werden beide oft genug wie bei einem Entweder-Oder gegeneinander gestellt, als müsse man sich zwischen beiden entscheiden.

Tucholskys Worte treiben eine der beiden Positionen dieses Streits auf die Spitze, um sie dann zu negieren. Erfahrung, so ist seinen Worten zu entnehmen, ist nicht per se ein wertvolles Gut. Eine solche Haltung mag gerade vor dem Hintergrund einer zunehmenden Kritik am so genannten »Jugendwahn« nicht besonders willkommen sein. Denn in deren Gefolge wird immer wieder explizit auf den Wert verwiesen, der gerade der Erfahrung innewohnt. Doch Tucholsky legt mit seinen Worten einen Denkfehler offen, den Menschen immer wieder machen: Die Schwarz-Weiß-Malerei. Denn Erfahrung ist nicht von sich aus gut. Werden Erfahrungen weder reflektiert noch umgesetzt, ist einem Menschen und seinem Umfeld nur bedingt geholfen. Es geht also darum, wie Erfahrungen genutzt werden. Insofern ist Unerfahrenheit auch im Beruf nicht nur negativ zu bewerten.

Wenn man sie konstruktiv aufnimmt, verweist Tucholskys Bemerkung letztlich auch darauf, dass sowohl der Erfahrene mit seinem Wissen um Routine als auch der Unerfahrene mit seiner Unbefangenheit wichtig für ein Team und ein lebendiges Unternehmen ist.

»Die Konkurrenz erhöht die Lust zu Entdeckungsreisen.«

Roald Amundsen

Und weiter bekannte der norwegische Entdecker: »Sie macht uns draufgängerisch, spornt uns an, trotz Missgeschick und Hindernissen vorzustoßen.«

Der Wettlauf zum Südpol zwischen Amundsen und dem Briten Robert Falcon Scott ist in die Geschichte eingegangen. Neben dem tragischen Ende von Scott, dem Unterlegenen des

Rennens, und einigen seiner Kameraden – sie starben alle auf dem Rückweg –, wird immer wieder die sehr unterschiedliche Art des Herangehens von Amundsen und Scott diskutiert.

Vor allem Amundsen war durch die Konkurrenzsituation angespornt. Viel konsequenter als Scott machte er das Ziel »Erster am Südpol« zum Hauptantrieb seiner Expedition. Scott, der zunächst nichts von Amundsens Absichten ahnte, ließ seine Expedition, die um ein Vielfaches größer war als die des Norwegers, anfangs gemächlich ihren Lauf nehmen. Scott baute ein großes Basislager auf und widmete sich intensiv verschiedenen Forschungsarbeiten. Als dann aber die Besatzung seines Schiffs eines Tages eher zufällig auf einer Fahrt entlang der Antarktisküste das Basislager Amundsens entdeckte, wurde den Engländern klar, was die Stunde geschlagen hatte. Erst jetzt begann Scott all sein Tun auf den Weg zum Südpol zu richten. Amundsen hatte das von Anfang an getan.

Amundsen hatte die Konkurrenz gesucht und war nun im Vorteil. Sein Lager war zig Kilometer näher am Pol. Anders als der überrumpelte Scott, der zwar auch der Erste am Pol werden wollte, sich aber bis dahin in zahlreichen Teilzielen verloren hatte, war Amundsen mit seiner konsequenten Zielorientierung und -umsetzung in Hochstimmung: »Ich habe noch nie so gute Tage gehabt.«

Die Aussage Amundsens, die Konkurrenz erhöhe die Lust an Entdeckungsreisen, ist vor allem interessant, wenn sie als Aufforderung an Manager und Unternehmer verstanden wird. Amundsens Suchen der Konkurrenz, der Wettbewerbssituation, wurde für ihn zu einem wichtigen Antrieb, sich ständig zu verbessern. Das Wissen um die Existenz eines Konkurrenten, der andere Lösungen vorzog (motorisierte Schlitten und Ponys anstatt Schlitten, die von Hunden gezogen wurden) wie die Frage, ob dieses Vorgehen sogar das bessere war, spornte ihn zusätzlich an, förderte seine Kreativität, inspirierte ihn.

Für das Berufsleben ist Amundsens Aussage hochinteressant. Jene Manager und Unternehmer, die allzu oft konkurrenzfreie Zonen fordern, sollten sich dem Wettbewerb mit anderen stellen, ihn als Startpunkt für Entdeckungsreisen sehen.

»Immer, wenn du dich auf der Seite der Mehrheit findest, ist es Zeit, dich zu verändern (oder anzuhalten und nachzudenken).«

MARK TWAIN

Selbsterhaltungstrieb, der Versuch, den Weg des geringsten Widerstands zu gehen, Harmoniebedürfnis, der Wunsch dazuzugehören, all das lässt uns immer wieder bewusst oder unbewusst der Mehrheit zustreben. Der Wille oder die Ansicht einer Mehrheit setzt sich aus gefundenen Gemeinsamkeiten zusammen, ist aber nicht unbedingt der beste oder der gerechteste Weg.

Von dieser kurzen Skizze des Zustandekommens und Wesens von Mehrheitsmeinungen führt ein direkter Schritt zu dem Rat, den der berühmte amerikanische Schriftsteller Mark Twain gibt. Er ist keineswegs als Aufforderung zu begreifen, notorisch Opposition zu betreiben oder gar beständig eine Außenseiterrolle zu pflegen.

Der Gewinn aber, der aus dessen Beherzigung zu ziehen ist, ist im Wesen von Mehrheiten begründet. Denn Mehrheiten neigen nicht dazu, veränderungswütig zu sein oder Gewohntes infrage zu stellen. Will man sich ausruhen, will man träge sein, dann geht das am besten, wenn man einer Mehrheit angehört. Widerspruch, Ideen, Alternativen, das liegt in der Natur der Sache, werden meist von Minderheiten vorgetragen. Deshalb sind diejenigen in Unternehmen oder in Teams, die nicht nach Mehrheiten schielen, sondern zuerst Ideen entwickeln und dann versuchen, dafür Mehrheiten zu gewinnen, besonders wichtig.

So sind Mark Twains Worte nicht nur eine Aufforderung, beweglich und selbstkritisch zu bleiben, sondern sich immer wieder seiner eigenen Individualität bewusst zu werden und diese zu bewahren. Sobald man dann die Mehrheit wahrnimmt, sollte man seine Position zu ihr hinterfragen. Gehört man ihr an? Wenn ja, warum? Sind es gemeinsame Werte oder doch Bequemlichkeit, oder sogar Anpassung?

»Verwechsle nie Bewegung mit Handeln.«

ERNEST HEMINGWAY

Wenn sich Äste im Wind bewegen, agieren sie? Wenn ein Ballon in den Himmel emporsteigt, ist es seine eigene Kraft, die ihn nach oben treiben lässt?

Dinge, die in Bewegung sind, müssen nicht zwangsläufig auch aktiv sein. Sie können ihre Bewegung durch eine andere, eine aktive Kraft erfahren, die auf sie einwirkt.

Was bedeutet das in Bezug auf Management, auf ein Unternehmen und auf seine Abteilungen? Welche Erkenntnisse sind daraus zu gewinnen? Hemingways Worte helfen, auf die Unterschiede von Bewegung und Aktion aufmerksam zu machen. Beide Arten von Tätigkeit finden sich in alltäglichen Unternehmensprozessen wieder, gehören aber auch oft zum festen Bestandteil des Arbeitsalltags jedes Einzelnen.

Im Grunde kann man – etwas zugespitzt – sagen, Bewegung bedeutet Reagieren und Abarbeiten. Etwas, das sich bewegt, muss noch lange nicht agieren. Die Bewegung kann lediglich eine Reaktion sein. Handeln heißt dagegen, gezielt und aktiv zu gestalten. Handeln ist eine Aktion, die nicht auf den Auftrag wartet.

Im Managementalltag ist es von Bedeutung, dass das Aufgabenfeld und Selbstverständnis sowohl einer Abteilung als auch des Einzelnen Bewegung und Agieren zulassen, dass der verschiedenartige Charakter von Bewegung und Aktion aufgegriffen wird und in die Arbeit einfließt. Es lohnt sich auch, Hemingways Worte umzudrehen in »Verwechsle nie Handeln mit Bewegung«.

Hemingways Worte sind für sich selbst als Aufforderung zu verstehen, durch eigene Aktion Umstände zu bestimmen, Einfluss zu nehmen, keine Fremdeinwirkung zuzulassen, selbst Bewegung anderer zu schaffen.

Hemingway hat diesen Satz, wie A. E. Hotchner in seinem Buch »Hemingway und seine Welt« erzählt, im Übrigen während eines Telefonats mit Marlene Dietrich gesagt. Sie hatte ihm von einem Angebot für ein Engagement berichtet, das sie zwar nicht begeistere, das sie aber vermutlich deshalb annehmen werde, weil sie nicht stehen bleiben wolle. Hemingway antwortete darauf: »Tochter, tu nichts, was dir im Innersten widerstrebt. Verwechsle nie Bewegung mit Handeln.«

»Ein Zyniker ist ein Mensch, der von allem den Preis und von nichts den Wert kennt.«

Oscar Wilde

Die Denker der ökonomischen Wissenschaft zerbrechen sich schon seit Jahrhunderten den Kopf darüber, wie der Preis eines Gutes entsteht. Natürlich haben die Investitionen und die Arbeit, die in die Herstellung einer Ware eingeflossen sind, großen Einfluss auf das Zustandekommen des Preises, der später auf dem Markt gezahlt wird. Doch ebenso großen Einfluss übt der Wert aus, der von dem potenziellen Käufer beigemessen wird.

Sowohl Preis und Wert sind also Maßstäbe für die Einschätzung einer Ware. Doch man sollte nie vergessen, dass es sich um zweierlei Wertmaßstäbe handelt. Denn während der Preis eine messbare Größe ist, kann man das vom Wert nicht behaupten. Der Preis ist vor allem eine praktische Größe. Er dient zum Austausch von Gütern. Der Wert aber ergibt sich aus der individuellen Einschätzung, auch aus emotionalen Gesichtspunkten.

Wie wenig Preis und Wert identisch sind, ist immer wieder im Alltag zu beobachten. So ist der Preis selten deckungsgleich mit dem Wert. Wenn ein Brot einen Euro kostet, dann ist es für den, der satt ist und der Geld hat, zwar noch immer ein niedriger Preis, aber das Brot hat für ihn im Moment keinen Wert. Für den Hungrigen dagegen ist der Preis ebenfalls niedrig, der Wert des Brotes hingegen sehr hoch. Bei Luxusgütern, etwa bei einem Edelstein, mag der Preis sehr hoch sein, doch der Prestigewert und eventuell der Erinnerungswert sind womöglich noch höher.

Doch gerade bei Luxusgütern vermittelt der Preis dem

Käufer auch eine Illusion des Wertes. Das kann man vielleicht noch als Marotte der menschlichen Natur achselzuckend hinnehmen. Dennoch beginnt hier der Preis schon den Wert als Maßstab zu verdrängen.

Im Falle eines materiellen Gutes mag das zwar noch akzeptabel sein, beginnt aber schon bedenklich zu werden. Denn das Bevorzugen des Preises als Maßstab legt bereits den Keim für eine Verschiebung gesellschaftlicher Werte.

Wann beginnt es aber zynisch zu werden? Spätestens dann, wenn es um die Beurteilung des Wertes eines Menschen geht und dieser nur noch über seine menschliche Arbeitskraft, ausgedrückt in einem Preis, definiert wird, liegt es nahe, an Zynismus zu denken. Heißt das, dass unsere Zeit besonders zynisch ist? Das zu beurteilen bleibt jedem selbst überlassen.

Fest steht aber: Alles hat seinen Preis, aber alles auch seinen Wert. Dieser Wert ist nicht zwangsläufig eine ökonomische Größe. Wer aber die ökonomische Größe Preis über die wichtige emotionale Größe Wert erhebt, ist nicht nur – wie es Oscar Wilde meint – zynisch, sondern er vergisst auch, dass die Ökonomie für den Menschen da ist und nicht umgekehrt.

»Untreue ist jetzt kein Verbrechen mehr.«

GEORG STEFAN TROLLER

Diese Feststellung traf der große österreichische Journalist Georg Stefan Troller in einem seiner hervorragenden Dokumentarfilme, die vor allem durch ihre nüchterne, aber immer mitfühlende Beobachtung des Menschen in der modernen Gesellschaft wirken. Obwohl Troller seinen Satz in Bezug auf Paare traf, kann man die Aussage auch auf das veränderte Verhalten des Menschen in der Berufswelt übertragen.

Denn Treue, Bezogenheit verlieren zunehmend ihre Kraft. Warum? Es ist der Tribut, der der zunehmenden Aufmerksamkeit für das Individuelle jedes einzelnen Menschen gezahlt, spätestens seit Beginn der Moderne dem Zeitalter des Individualismus entrichtet werden muss.

Ob man es begrüßt oder beklagt: Es ist so. Die Fortschritte in Technik, Medizin, Naturwissenschaften liefern den Menschen Instrumente, immer stärker ihre individuellen Bedürfnisse durchzusetzen und auszuleben. Die daraus auf der einen Seite gewonnene zunehmende Selbstständigkeit und Autarkie führen auf der anderen Seite tendenziell dazu, dass das Wissen um Sinn, Bedeutung und Wert von Gemeinschaft verloren geht. Damit einhergehend wird oft genug der Fehler gemacht, Individualität mit Identität zu verwechseln. Doch Letztere wird durch Individualität nicht zwangsläufig erreicht. Paradoxerweise ist Identität wiederum sehr eng mit der Zugehörigkeit zu einer Gemeinschaft verknüpft – Familie, Wurzeln, Bräuche, Gewohnheiten, Sprache.

Im Grunde handelt es sich bei dem Szenario von Individualität versus Gemeinschaft um ein uraltes Menschheitsdilemma: die Spannung zwischen Behauptung und Durchsetzung des eigenen Ichs und das Bedürfnis des Aufgefangenwerdens und der Geborgenheit in Gemeinschaften. Auflösen wird sich dieses Spannungsverhältnis wohl nie. Die Zeitläufte werden die Ausschläge mal zur einen mal zur anderen Seite pendeln lassen.

In der zweiten Hälfte des 20. Jahrhunderts ist das Pendel jedoch eindeutig fort von der Solidarität und der Loyalität hin zur Individualität geschlagen. Unangenehme Folge ist die

Vernachlässigung des Wertes der Gemeinschaft und der Verlust des Wissens um ihre Bedeutung.

»Untreue ist jetzt kein Verbrechen mehr.« Diese lakonische Feststellung Trollers verweist nicht nur auf das Symptom, dass Untreue in Paarbeziehungen nicht mehr zur gesellschaftlichen Ächtung führt. Man kann diese Aussage auch auf die Arbeitswelt anwenden.

Als beklagenswertes Phänomen stellt sich heraus, dass mehr und mehr Manager sich nicht mehr Unternehmen und Menschen verpflichtet zu fühlen scheinen, sondern ihren Job nur noch als Instrument für die Entwicklung ihres Egos und ihres finanziellen Fortkommens begreifen. Doch dies ist eher Symptom als Ursache. Dem entgegenzusteuern, Treue zu sich und zu anderen zu halten, ist individueller Auftrag für jeden Einzelnen.

»Ich sage, hütet euch vor allen Unternehmen, die neue Kleider und nicht eher einen neuen Träger der Kleider erfordern.«

HENRY DAVID THOREAU

Die Aussage ist sperrig, wirkt kauzig. Der Schöpfer dieser Worte scheint es nicht weniger gewesen zu sein. Zu finden ist dieser Satz in Henry David Thoreaus Buch »Walden«. In »Walden« reflektierte Thoreau über das einfache Leben, über den Einklang mit der Natur, über die Selbstbehauptung des Menschen. Er hatte mehrere Jahre abgeschieden, allerdings nicht völlig von der Welt abgeschnitten, in einer Hütte in den Wäldern an einem kleinen See, dem Walden Pond gelebt.

Dort hatte er versucht ein auch wirtschaftlich unabhängiges Leben in der Natur vorzuexerzieren. »Walden«, das Buch, in dem er seine Gedanken und Erfahrungen dieser Zeit festhielt, machte Thoreau vor allem im 20. Jahrhundert weltweit zum Guru vieler Zurück-zur-Natur-Bewegungen.

Auch wenn Thoreau seine scharfen und detaillierten Beobachtungen oft dazu nutzt, sie im Sinne seiner romantischen Ziele zu deuten, weist seine Betrachtung der Natur in weiten Teilen des Buches quasiwissenschaftliche Züge auf. »Walden« ist nicht einfach nur ein Buch über ein alternatives Leben, nicht nur ein naturromantisches Werk, obwohl oft nur so verstanden, sondern es ist gleichsam durchzogen vom amerikanischen Sinn für Pragmatismus, von einer Mentalität des »Pack an!«. So rechnet Thoreau auch Cent für Cent vor, wie man in der Natur unabhängig leben kann.

Das hier angeführte Zitat wird sehr häufig genutzt, jedoch entstellt und sinnverkürzt als: »Hüte dich vor allen Unternehmen, die neue Kleider erfordern.«

Aus Thoreaus eigentlichem Zitat ist seine eigentliche Botschaft zu entnehmen. Diese will vermitteln, dass neue Aufgaben zuallererst die Überprüfung der eigenen Betrachtungsweise erfordern, anstatt zuerst die Mittel zu wechseln, derer man sich bedient. Kleider sind hier ein Synonym für besagte Mittel. Dazu passt auch der im weiteren Verlauf zu findende Satz: »Wenn da nicht ein neuer Mensch ist, wie können die neuen Kleider passen?«

So dient Thoreaus Aufforderung dazu, sich zu besinnen, zuallererst die eigene Einstellung und Haltung zu einer Sache zu klären. Erst wenn man sich dieser sicher ist, sind die Mittel zu wählen.

Dies ist natürlich kein Patentrezept für die Lösung jeder Aufgabe, aber wert bedacht zu werden.

»Warum dürfen sich Regeln nicht widersprechen? Weil es sonst keine Regeln wären.«

LUDWIG WITTGENSTEIN

Zugegeben, zunächst erscheint diese Feststellung banal, eine Binsenweisheit. Aber geht man ihrem Hintergrund in Bezug auf den Zitatgeber Ludwig Wittgenstein nach, dann wird es interessant.

In seinem Wirken als Philosoph stand für Ludwig Wittgenstein immer das Verstehen im Mittelpunkt, dies vor dem Hintergrund der Frage, ob viele Probleme im Grunde nur Scheinprobleme seien, weil sie aufgrund von Mängeln in unserer Kommunikation auftreten. Wittgenstein, der sein philosophisches Denken aus seiner Beschäftigung mit der Mathematik ableitete, machte vor allem die Unzulänglichkeit der Sprache verantwortlich. Er ging zeitweise sogar so weit zu behaupten, dass es gar keine philosophischen Probleme gäbe, sondern nur Sprachprobleme. Diese entstünden aufgrund verschiedenartiger Auslegung von Wörtern und Sätzen. Wittgenstein versuchte nun Regeln zu schaffen, die, wie er meinte, aufgrund von klarer Logik die Schwächen der Sprache beheben könnten.

Die Antworten, die er meinte auf seine Fragen gefunden zu haben und die in dem berühmten Satz: »Wovon man nicht sprechen kann, darüber muss man schweigen«, kulminierten, schienen ihm später dann doch nicht mehr hinreichend. So vertiefte sich Wittgenstein wieder in die Logik der Sprache: Er fragte sich, was zu Verständnisschwierigkeiten bei einem Satz oder einem Wort führt und versuchte allgemein gültige Lösungsregeln zu finden. In diesem Zusammenhang formulierte er schließlich die Erkenntnis, dass sich Regeln, um Regeln zu sein, nicht widersprechen dürfen.

Damit meinte er, dass Regeln in ihrem Zusammenspiel unbedingt einer Logik gehorchen müssen. Sofern sie sich widersprechen, muss dieser Widerspruch beseitigt werden, müssen also die Regeln geändert werden. Denn jeder Widerspruch in einem Regelwerk stellt das gesamte Regelwerk infrage.

Für den Alltag bedeutet das, dass jedwedes Regelwerk dauerhaft in der Praxis bestehen muss. Tut es das nicht, muss es verändert, wieder in sich klar und logisch, unwidersprüchlich gemacht werden.

Insofern sind Wittgensteins Überlegungen nicht nur hochinteressant in Bezug auf das Wesen der Kommunikation und die Frage, wie Sprache, wie Wörter verstanden werden. Die Logik, mit der er arbeitete, verweist auch auf Gültigkeit in anderen Bereichen des Zusammenwirkens und Zusammenlebens.

In Unternehmen gilt sie nicht nur für Fragen der Aufbau- und Ablauforganisation, sondern auch und gerade für die praktische Führung von Menschen.

»Ich habe keine besondere Begabung, sondern bin nur leidenschaftlich neugierig.«

ALBERT EINSTEIN

Ist das das Geheimnis des Mannes gewesen, der als das größte Genie des 20. Jahrhunderts gilt? Neugier? Nicht pure Intelligenz? Zweifelsohne ist Intelligenz im Falle Einsteins eine nicht unbedeutende Voraussetzung für jene Erkenntnisse gewesen, die ihm den Nimbus des brillantesten Denkers des 20. Jahrhunderts und vielleicht eines der gesamten

Menschheit eingetragen haben. Dennoch wäre es zu kurz gegriffen, den Erfolg Einsteins nur auf den Faktor zurückzuführen, den man versucht mit dem zu messen, was man gemeinhin Intelligenzquotient nennt. Denn sieht man sich einmal um, dann ist die Welt voll von intelligenten und begabten Menschen, die aber nicht den ihrer Begabung zustehenden Erfolg haben. Damit ist nicht etwa gemeint, dass der eine oder andere mehr oder weniger Zeit benötigt, um das Ziel zu erreichen, das er sich gesetzt hat. Es geht vielmehr um eine andere Eigenschaft, die ebenfalls wichtig ist, um Erfolg zu haben. Es geht um Interesse, um Lust, um Willen und um Ziele. Was Einsteins Aussage impliziert: Neugier ist sogar wichtiger als Intelligenz. Intelligenz reicht nicht.

Ich wage sogar zu behaupten, es gibt ebenso viele weniger begabte Menschen, die Erfolg haben, wie sehr begabte, die erfolglos sind. Denn einmal abgesehen von dem Kriterium »Glück« ist es auch zu einem Gutteil der Antrieb, die Disziplin, die zu Erfolgen führt. Einsteins Bekenntnis, keine besondere Begabung zu besitzen, mag kokett sein, vielleicht aber verbirgt sich dahinter ein bewusst gegebener Rat. Denn indem Einstein, den man schon zu Lebzeiten überall als Genie feierte, auf die Neugier als wesentliche Eigenschaft seiner selbst hinweist, legt er den Akzent auf das, was er für das eigentlich Wichtige – auch bei seiner Arbeit – sieht. Die Neugier, eine schöne Schöpfung der deutschen Sprache, denn sie bezeichnet die Gier auf Neues, trägt den Wunsch zu lernen in sich, die Bereitschaft zur Veränderung. Neugier ist der Feind der Beharrung. Was Einstein letztlich mit seiner Aussage auf den Punkt bringen wollte ist, dass er seine Entdeckungen ohne seine Neugier nie gemacht hätte. Hätte er auf seinem Weg wählen können, hätte er es womöglich eher akzeptiert, weniger Intelligenz zu haben als weniger Neugier.

»Das ist das Geheimnis meines Erfolges – gebt den Leuten einfach, was sie wollen.«

ANDY WARHOL

Es ist der Absender dieses Zitates, der es aus der Masse der Zitate heraushebt. Denn der amerikanische Künstler Andy Warhol stand wie kein anderer für die Kommerzialisierung von Kunst. Viele griffen Warhol an, weil er unverblümt Kunst zum Produkt machte. Nicht nur durch Auftragswerke – etwas, was die Kunst kennt, seit es Geschichtsschreibung gibt – wurde Warhol zu einem Kunstunternehmer, sondern auch durch den zum Teil quasi-seriellen Ablauf der Produktion, der Vervielfältigung seiner Werke. Konsequenterweise nannte Warhol denn auch sein Atelier »Factory«.

Inhaltlich griff Warhol, der ein aufmerksamer Beobachter der Menschen und der Mechanismen und Strömungen der Gesellschaft war, die Muster und Entwicklungen seiner Zeit auf. Er bediente sich bei der Herstellung seiner Werke nicht nur traditioneller Techniken wie der des Siebdrucks, sondern integrierte die zahlreichen Varianten neuer, für den Massenkonsum geschaffener Anwendungen wie Polaroid, Film, Video und Fotokopien.

Andy Warhols Haltung zum Kunstbetrieb und zur Rolle von Kunst und Kommunikation für Mensch und Gesellschaft ist auch für Manager und Unternehmen – das Zitat beweist es – ein gutes, ein lehrreiches Beispiel.

Denn – manchen Manager mag es wundern – ausgerechnet ein Künstler, ein Vertreter jenes Menschenschlags, der sich vermeintlich nur um die Perfektionierung der eigenen Kunst schert, der seine Arbeit mehr oder minder als Selbstzweck zu verstehen scheint, redet davon, dass man den Leuten geben soll, was sie wollen. Warhol definiert die Bedürfnisse anderer zu erkennen und zu befriedigen als Voraussetzung für Erfolg. Seine Worte können Anlass sein, darüber nachzudenken, inwieweit Leistungen und Produkte tatsächlich nach dem Gesichtspunkt erstellt werden, »wir geben den Leuten, was sie wollen«, oder inwieweit sie vielmehr der Befriedigung der Arbeits-, Bequemlichkeits- und Selbstverwirklichungsbedürfnisse derjenigen dienen, die sie herstellen und anbieten.

»Alles, was ich schließlich am sichersten über Moral und menschliche Verpflichtungen weiß, verdanke ich dem Sport.«

ALBERT CAMUS

Dieses augenzwinkernde Resümee zog der große französische Schriftsteller Albert Camus am Ende eines Artikels über seine Erfahrungen, die er als Junge in Algerien machte, als er lange Zeit in einer Fußballmannschaft spielte. Trotz aller Ironie meinte Camus die Aussage letztlich ernst. Nur die Schlussfolgerung, dass Sport ausschließlich alle guten Seiten von Moral und menschlichen Verpflichtungen zutage fördert, wäre Camus mit Sicherheit nicht recht gewesen. Für das, was er meinte, wäre es auch zu kurz gegriffen.

Camus wollte vielmehr auf die gesellschaftlichen, die zwischenmenschlichen Mechanismen verweisen, die sich im Sport immer wieder im Guten wie im Schlechten zeigen: gemeinsame Ziele, Zusammenhalt, der Platz, den jeder in einem Team einzunehmen und auszufüllen hat, Solidarität und Loyalität.

Camus spielte in seiner Mannschaft als Torwart. Er lernte, wie er in seinem Artikel bemerkt, dass »der Ball nie so auf einen zukommt, wie man es erwartet«. Und was liebte er an dem Erlebnis, in einer Mannschaft zu spielen? Das Gemeinsame. Das gemeinsame Gewinnen und das gemeinsame Verlieren: »Nicht nur wegen des Siegestaumels, der umso herrlicher ist, wenn man die Erschöpfung nach der ganzen Anstrengung spürt, sondern auch wegen dieser Abende nach einer Niederlage, wenn einem zum Heulen zumute war.«

Besonders interessant an Camus' Aussage ist die Betonung »was ich am sichersten über Moral und menschliche Verpflichtungen weiß«. Wer als Kind oder erst als Erwachsener Mannschaftssport betrieben hat und später dann den Alltag der Berufswelt erlebt, weiß, dass das Mannschaftsgefühl im Berufsleben selten, fast nie dem puren Erlebnis von Team und Mannschaft gleichkommt, wie es im Sport erfahren wird.

Sich das aber immer wieder ins Gedächtnis zu rufen ist wichtig, denn allzu oft ist im Berufsleben das Bekenntnis zu Teamgeist nur eine Worthülse. Was nämlich macht ein Team aus? Der Spieler eines Teams muss, ob in der Berufswelt oder im Sport, immer wissen, dass sein Erfolg von seinen Teammitgliedern abhängt. Er muss wissen, wie er mit ihnen zusammen zu spielen hat, wie bewusst ihm und ihnen ihr gemeinsames Ziel ist, wie einig sie sich über den Weg dahin sind, wie genau jeder seine Aufgabe kennt, wie stark jeder weiß, dass die anderen sich auf ihn verlassen und ihm vertrauen. Das ist entscheidend für den Erfolg.

»Mit Pippi Langstrumpf wollte ich zeigen, dass man Macht haben kann, ohne sie zu missbrauchen.«

ASTRID LINDGREN

Pippi Langstrumpf kennen Kinder und Erwachsene in aller Welt. Mittlerweile sind Generationen mit den Abenteuern des frechen und eigenwilligen, aber gutherzigen Mädchens aufgewachsen. Pippi Langstrumpf ist ein äußerst ungewöhnliches Mädchen. Sie lebt in einer Villa allein mit einem Pferd und einem Affen, ganz zum Erstaunen und Ärger der Erwachsenen der Stadt. Pippi findet in der Nachbarschaft in den Geschwistern Tommy und Annika Freunde und stürzt sich mit ihnen in zahlreiche verrückte Abenteuer.

Das Bild, das von Pippi Langstrumpf oftmals im Gedächtnis zurückbleibt, das des liebenswerten, aber unbändigen Kindes, das sich der Welt der Erwachsenen verweigert, wird vielleicht umso lebendiger, je erwachsener man selbst wird.

Was aber an der Figur der Pippi Langstrumpf oft gar nicht oder kaum beachtet wird, ist die Tatsache, dass Astrid Lindgren ihr mit Bedacht noch zwei sehr bedeutsame Stärken mitgegeben hatte. Denn Pippi Langstrumpf war sehr reich, sie besaß eine Schatztruhe gefüllt mit Goldstücken, und Pippi war übernatürlich stark. Sie konnte ihr Pferd mühelos tragen.

Bemerkenswert ist nun, dass Pippi Langstrumpf niemals ihre Macht missbrauchte. Sie setzte sie zur Abwehr von Gefahr ein oder um eigene Wünsche umzusetzen. Im letztgenannten Fall jedoch nie auf Kosten anderer, sondern eher sogar zu deren Gunsten, etwa, wenn sie anderen Kindern mit ihrem Geld Wünsche erfüllte.

Das, was Astrid Lindgren mit Pippi Langstrumpf beispielhaft für Kinder zeigte, gilt auch für die Welt der Erwachsenen, gilt auch für den Beruf. Macht bedeutet Verantwortung. Diese läuft im Prinzip darauf hinaus, dass derjenige, dem Macht zugefallen ist oder der sie sich erworben hat, aufgefordert ist, diese möglichst zurückhaltend zu gebrauchen und positiv einzusetzen.

»Es gibt kein muss sein. Es gibt nur machen.«

JERRY LEWIS

Wie oft ertappt man sich selbst dabei, wie man diese Kausalkette knüpft? »Damit wir dieses tun können, muss zuvor aber erst jenes erfüllt sein.«

Mal tut man es aus Selbstschutz, mal aus Faulheit oder weil man nicht an seine eigenen Möglichkeiten glaubt. Wie dem auch sei, Vorbedingungen werden nicht selten gestellt, sind zuweilen auch nötig. Doch was ist, wenn wir alles, was wir an Mängeln aufzählen können, was uns vermeintlich im Wege steht, um die Verwirklichung eigener Ziele anzugehen, einmal beiseite schieben und uns stattdessen klar machen, was wir wollen, und einfach anfangen zu machen?

Dies meint der berühmte amerikanische Komiker, Schauspieler und Regisseur Jerry Lewis mit seiner Aussage. Damit wollte er darauf aufmerksam machen, dass es oft nicht die mangelnden Mittel sind, die uns daran hindern tätig zu werden, sondern meist der mangelnde Wille.

Natürlich muss man gerecht sein. Derlei Urteil kann nicht über jeden und für jede Situation gefällt werden. Aber im Falle von Führungsaufgaben, Herausforderungen, die ein besonderes Maß an Initiative und Hingabe erfordern, ist der Wille zu tun, zu machen entscheidend, ja unverzichtbare Bedingung. Das, was in seinem Falle Jerry Lewis als Kernvoraussetzung ansieht, ist »neugierig zu sein und unbedingt Filme machen zu wollen.«

Es geht also darum, dass, was man tut, kein Zwang sein darf, sondern der eigene Wille sein muss. Wenn das nicht der Fall ist, sollte man überlegen, ob es nicht etwas anderes gibt, das diese Voraussetzungen erfüllt.

»Moral ist, wenn grad niemand dabei ist.«

Karl Kraus

Moral entsteht unter anderem aus einer Gemeinschaft heraus. In ihr einigt man sich auf das, was man im Verhalten eines Gemeinschaftsmitglieds für gut und was man für schlecht hält. Gelten aber diese solchermaßen aufgestellten – meist ungeschriebenen – Regeln auch außerhalb der Gemeinschaft? Der Verdacht drängt sich auf, dass der bedeutende österreichische Schriftsteller und Kulturkritiker Karl Kraus mit seinen hier zitierten Worten darauf hinweisen will, dass sich eigentliche Moral erst dann feststellen lässt, wenn der Einzelne diese nur mit sich ausmachen muss, sie quasi als Richter über sich selbst zu prüfen hat.

Welche Moral hat Karl Kraus wohl gemeint? Spitzfedriger Sprachkritiker und scharfsinniger Feuilletonist, der er war, hat er wohl die ethische Moral sowie die Moral im Sinne von Widerstandskraft und Beharrungswillen gemeint. Moral, so ist man geneigt Kraus' Feststellung zu deuten, ist also in hohem Maße eine Angelegenheit, die sich in der Auseinandersetzung mit dem eigenen Ich entscheidet. Moral im ethischen Sinne entscheidet sich, wenn das eigene Verhalten sich auch dann nicht ändert, wenn sich die Gelegenheit böte und ungestraft gegen die Regeln der Gemeinschaft verstoßen werden könnte. Aber es geht auch um die Moral zu widersprechen, um die Moral des Widerstands, wenn gerade niemand da ist, der einen unterstützt. Moral im Sinne des Beharrens, im Sinne der Fähigkeit, eine Sache durchzuziehen, erfolgreich zum Ende zu führen entscheidet sich ebenfalls in der Auseinandersetzung mit dem eigenen Ich. Nach einem Fußballspiel im Fernsehen hört man zuweilen Worte wie: »Unsere Mannschaft hatte in der zweiten Halbzeit nicht die Moral, das Spiel umzubiegen.« Die Fähigkeit, es doch zu schaffen, entscheidet sich in einem Gedanken, in einem Entschluss, nach einem Straucheln und zuweilen mit einem Aufstehen, einem Hochziehen der Stutzen. Es entscheidet sich in einem selbst. Dann, »... wenn niemand dabei ist«.

»Wer sich selbst auf den Arm nimmt, erspart anderen die Arbeit.«

Heinz Erhardt

Keiner ist davor gefeit, an dem Bild zu arbeiten, das andere von einem haben sollen. Selbst der, der sagt, er schere sich keinen Deut darum. Zumindest arbeitet er an dem Bild, das er selber von sich haben will. Ohne sich dessen meist bewusst zu werden, versucht jeder Mensch an seiner Identität, an seiner Würde, man kann auch sagen, an seinem Stolz zu arbeiten.

All das ist zum Teil eine hehre und sehr ernste Angelegenheit. Manch einer verliert darüber auch, ohne es zu wollen, den Humor und die Distanz zu sich selbst. Doch der Humor übernimmt gerne die Aufgabe, gerade dort Schwächen aufzudecken, wo der besonders angestrengte Versuch gemacht wird, unangreifbare Stärke zu zeigen. Merke: Je größer die Fallhöhe, desto weniger immun ist man dagegen, aufgezogen zu werden.

Dem deutschen Humoristen Heinz Erhardt ist jedoch ein geistreicher Ratschlag zu verdanken. Seine Worte zu beherzigen führt auf vielfältige Weise zu guten Erkenntnissen. Wer sich selbst zuweilen auf den Arm nimmt, lernt automatisch, sich nicht allzu ernst zu nehmen. Er bekommt dadurch sogar die Gelegenheit, sich aus gewisser Distanz zu betrachten, an der Haltung zur eigenen Person zu arbeiten. Als angenehmer Nebeneffekt wird auch die Angriffsfläche verkleinert. Zudem kann das Sich-selbst-auf-den-Arm-Nehmen in Augenblicken der Auseinandersetzung Konfliktpotenzial aus einer Situation nehmen.

Es geht letztlich auch um die Arbeit an einer Haltung zu sich selbst, die vielleicht am ehesten mit der Pflege von Selbstironie zu beschreiben ist. Es ist, um in Heinz Erhardts Worten zu bleiben, eine Arbeit, die sonst andere übernehmen müssten. Übrigens: Sich selbst auf den Arm zu nehmen ist auch ein guter Test, um andere Menschen kennen zu lernen. Wie einer reagiert, ob einer nur lacht, ein anderer aber noch versucht etwas drauf zu setzen, sagt viel über ihn oder sie aus.

»Das Leben ist unfair.«

JOHN F. KENNEDY

Diejenigen, die Verantwortung tragen, werden immer wieder auch daran gemessen, in welchem Maße es ihnen gelingt, Fairness walten zu lassen. Doch stellen wir uns einmal diese Frage: Angenommen, es gäbe den perfekten Verantwortungsträger, hochintelligent, gebildet, unbestritten gerecht in jeder Entscheidung, wie fair könnte er letztendlich das Arbeitsumfeld der ihm anvertrauten Mitarbeiter tatsächlich gestalten? Könnte er jeden vor Unbill schützen, könnte er jedem in gleichem Maße Belohnung, Lob, Anerkennung zukommen lassen? Könnte er die Lasten einer Gemeinschaft gerecht aufteilen?

Der amerikanische Präsident John F. Kennedy traf die Feststellung, dass das Leben unfair sei, im Zusammenhang mit dem Einsatz von Wehrpflichtigen in der US-Armee. Vorausgeschickt hatte er: »Es gibt immer Ungleichheit im Leben.« Und er gab Beispiele: »Einige werden im Krieg getötet, einige verletzt, einige verlassen nie das Land, einige werden in der Arktis stationiert, einige in San Francisco.« Und er folgerte: »Es ist sehr hart im militärischen Leben wie im Privatleben. Das Leben ist unfair.«

Diese Worte Kennedys als Persilschein für Führungskräfte auszulegen, sich weniger um Fairness zu bemühen, hieße jedoch die falsche Lehre zu ziehen. Vielmehr sind Kennedys Feststellung eine besondere Erkenntnis und eine besondere Handlungsanweisung zu entnehmen. Beides ist im Grunde einfach. Doch muss man einräumen, dass die Umsetzung nicht immer leicht ist.

Jeder weiß im Grunde, dass das Leben nicht gerecht ist. Menschen werden in ungleiche Verhältnisse geboren, sie haben verschiedene Talente und unterschiedliche Charakterzüge. Die wiederum treffen auf verschiedene Wertschätzung in Wirtschaft und Gesellschaft. Die Handlungsanweisung, die sich daraus speziell für Führungskräfte ergibt, muss die sein, zu versuchen, den Menschen, denen gegenüber man verantwortlich ist, die größtmögliche Gerechtigkeit zukommen zu lassen. Für die Menschen, die der Verantwortung von Führungskräften unterstehen, bedeutet das zu erkennen, dass sie von denjenigen, denen sie weisungsgebunden sind, das größtmögliche Bemühen um Gerechtigkeit verlangen können. Sie müssen allerdings auch akzeptieren, dass umfassende Gerechtigkeit nicht immer erreicht werden kann.

Es scheint so, als hätte Kennedy sagen wollen, dass der Kampf um Gerechtigkeit im Leben nie gewonnen werden kann, er uns aber auffordert, ihn nie verloren zu geben.

»Schwache Menschen können nicht aufrichtig sein.«

La Rochefoucauld

Auseinandersetzungen, unangenehme Wahrheiten: Das Wort »Aufrichtigkeit« steht plötzlich dann im Raum, wenn eine Situation entstanden ist, in der jemand gezwungen zu sein scheint, zwischen Lüge und Wahrheit zu wählen.

Der Versuchung unaufrichtig zu sein ist jeder ab und an ausgesetzt. Vor allem dann, wenn sich so die Chance eröffnet, einer Konfrontation zu entgehen oder sie auf diese Weise sogar zu eigenen Gunsten zu beenden.

Zugegeben, niemand ist immer stark. Doch auch in Momenten der Schwäche kann man Stärke beweisen. Diese Stärke ist jedoch von einer Art, die oft auf den ersten Blick nicht erkannt wird, die man selber gerade nicht wahrnimmt. In Momenten, in denen man die Aufrichtigkeit wählt, obwohl zu diesem Zeitpunkt die Unaufrichtigkeit der ungleich einfachere Weg gewesen wäre, kann gerade die oft niederschmetternde Reaktion auf die unbequeme Aufrichtigkeit wie eine Strafe erscheinen. »Warum tue ich mir das an?«, fragt man sich dann.

Jeder Mensch ahnt es zumindest, die meisten wissen es. Die Aufrichtigkeit kann in dem Moment, da man sich für sie entschieden hat, eine doppelte, eine dreifache Strafe sein. Nur selten hört man vielleicht später: »Du hattest Recht.« Und vielleicht sagt manch einer: »Das war damals mutig von dir, die Wahrheit zu sagen.«

Der sprichwörtliche Mut zur Wahrheit ist das, was der französische Schriftsteller La Rochefoucauld hier anspricht. Mit seinem Diktum aber, dass schwache Menschen nicht aufrichtig sein können, treibt er diese Erkenntnis noch weiter, treibt sie auf die Spitze. Denn er verweist darauf, dass schwache Menschen letztlich dauerhaft der Unaufrichtigkeit erliegen. Im Grunde sind sie leicht auszumachen: sie schmeicheln jemandem, um danach hinter seinem Rücken schlecht über ihn zu reden, sie geben wechselnde Gründe für Entscheidungen an, von denen man ahnt, dass sie einfach nur genehm waren. Am sichersten erkennt man schwache Menschen daran, dass sie immer eher den anderen die Schuld an einem Fehlschlag geben und sich wenig damit aufhalten, nach den wahren Gründen, vielleicht nach Fehlern bei sich selbst zu suchen.

Es ist wichtig, den eigenen Blick für solche Menschen zu schärfen, ob man Führungskraft ist oder nicht.

»Der Splitter in deinem Auge ist das beste Vergrößerungsglas.«

THEODOR W. ADORNO

In Managementschulen aller Art wird nicht darauf verzichtet, den Schülern und Studenten den Problemlösungsprozess nahe zu bringen. Den Start dieser Schrittfolge markiert, so weiß bald jeder, die Problemerkennung beziehungsweise -identifizierung. Und das, was auf den ersten Blick so einfach scheint, kann sich bereits zum Kardinalfehler entwickeln. Denn was ist tatsächlich das Problem? Was ist die Wirkung? Wird das Bild, das die Wirkung abgibt, womöglich mit dem Problem verwechselt?

Die Worte des deutschen Philosophen und Soziologen Theodor W. Adorno geben einen guten Hinweis darauf, wie die Vorgehensweise ist, um Ursache und Wirkung zu erkennen. Man muss nur den Splitter im Auge finden. In einer ersten Reaktion mag man Adornos Bild vielleicht für ein wenig simpel halten, doch schon nach kurzem Nachdenken entfaltet es einen gewissen Hintersinn, der vor allem interessant ist, wenn es darum geht, nicht Ursache und Wirkung zu verwechseln: Wer weiß, wie es ist, wenn man einen Splitter oder ein Staubkorn im Auge hat, der wird sich auch daran erinnern, dass der Splitter oder das Staubkorn oft gar nicht in jenem Bereich des Auges ist, in dem man den Schmerz spürt. Manchmal ist der Splitter gewandert. Doch allein die Tatsache, dass er da ist, verursacht den Schmerz, weist darauf hin, dass etwas nicht in Ordnung ist.

Letztlich aber sind Adornos Worte auf das Betrachten einer Sache zu beziehen. Sie verweisen darauf, dass das ungute Gefühl, das man in Bezug auf ein bestimmtes Problem spürt, der beste Hinweis ist, um dessen Ursache ausfindig zu machen. Es ist auch ein hilfreicher Impuls, das Problem angemessen zu analysieren. Doch manchmal, auch in Unternehmensprozessen, muss es erst wehtun, muss der Splitter zu spüren sein, damit man sich auf die Suche nach ihm macht.

»Einen Fehler machen und ihn nicht korrigieren – das erst heißt wirklich einen Fehler machen.«

KONFUZIUS

Das böse Wort »Fehler«! Einen Fehler will keiner machen und unter Druck, insbesondere Erfolgsdruck, in Situationen zunehmender Selbstbehauptung, nimmt die Bereitschaft ab, Fehler zuzugeben.

Das Eingeständnis eines Fehlers ist das eine, der Umgang mit dem Fehler selbst das andere. Erstgenanntes hat damit zu tun, das Gesicht zu wahren, das Letztere mit dem Wunsch, immer das Richtige zu tun.

Das Verständnis des Wortes »Fehler« ist im Grunde selbst ein Fehler geworden. Wie heißt es doch so schön: »Wer arbeitet, macht Fehler.« Und gerne wird auch die Steigerung nachgeschoben: »Wer viel arbeitet, macht viele Fehler.« Wer stimmt dem nicht gerne zu?

Das Dumme ist nur, dass wir im Arbeitsalltag immer weniger Fehler zulassen, aber auch schnell jene Fehler dramatisieren, die schlicht und einfach vorkommen, die passieren können, in manchen Prozessen sogar passieren müssen. Vor allem Arbeiten, die nicht der Routine unterliegen, führen zwangsläufig immer wieder zu Fehlern, oder sagen wir sanfter und vermutlich in den meisten Fällen treffender zu Ergebnissen, die zu optimieren sind.

Daraus ist zu schließen, dass es wichtig ist ein Klima zu schaffen, das optimierbare Ergebnisse und auch Fehler als Erfahrung zulässt.

Was aber Fehlern und unbefriedigenden Ergebnissen gleich ist, ist die Pflicht, diese zu korrigieren, sobald sie erkannt werden. Geschieht dies nicht, und das bringen die Worte des chinesischen Philosophen Konfuzius auf den Punkt, begeht man den eigentlichen, den wahren Fehler, der entweder für Mutlosigkeit oder Unvermögen steht.

»Die Tiefe muss man verstecken.
Wo?
An der Oberfläche.«

Hugo von Hofmannsthal

Etwas, was kompliziert ist, bedarf zumindest einer ausführlichen Erklärung. Ist das so? Keineswegs. Die Worte des österreichischen Schriftstellers, Dichters und Dramatikers Hugo von Hofmannsthal sind als Rat zu verstehen, Komplexität zu entwirren, den Kern einer Sache herauszustellen.

Und so steckt hinter dem Wort »verstecken« in Hofmannsthals Satz keineswegs die Aufforderung, etwas zu verheimlichen oder zu bemänteln. Nein, hier geht es darum, sich zu bemühen, komplizierte Zusammenhänge einfach zu vermitteln. Das kann auf sehr vielen verschiedenen Ebenen zu hervorragender Resonanz und herausragenden Ergebnissen führen, etwa wenn eine Strategie erläutert werden muss, die Vorzüge eines

Produktes darzulegen sind oder aber die Vielschichtigkeit von Sachverhalten auf den Punkt gebracht werden soll.

Es geht im Grunde um die Verpackung eines Inhalts.

Die perfekt gestaltete Oberfläche vereint, um Hofmannsthals Worte aufzugreifen, das allgemein Verständliche des ersten Blicks mit einem gut verständlichen Hinweis auf die dahinter oder darunter befindliche Tiefe.

Jede Tiefe hat eine Oberfläche. Jede Oberfläche hat eine Tiefe. Die optimale Oberfläche lässt die Tiefe, die hinter ihr liegt, ersichtlich werden. Die schlechte Oberfläche verweist nur auf sich selbst, bleibt flach.

Insofern bleibt Tiefe unerkannt, wenn die Oberfläche nicht entsprechend gestaltet ist. Eine Tiefe, die umständlich vermittelt wird, ist der Gefahr ausgesetzt, nicht zum gewünschten Erfolg zu führen.

Insofern sind Produktgestaltung, Werbung, Kommunikation und auch Präsentationen immer darauf abzuklopfen, ob sie mit einer guten Oberfläche – also der Art, wie sie einen Produktvorzug oder ein Ziel benennen – Lust machen auf die darunter verborgene Tiefe. Wozu noch anzumerken ist, dass die Oberfläche erst stimmen kann, wenn die Tiefe stimmt.

»Mit Blitzen kann man die Welt erleuchten, aber keinen Ofen heizen.«

Christian Friedrich Hebbel

So ist es leider, die große Tat bleibt allein, folgenlos oder unwirksam, wenn ihr nicht weitere Taten folgen. Ideen können noch so viele »Ohs!« und »Ahs!« hervorrufen, sie bleiben wirkungslos, wenn sie nicht aufgegriffen und nicht in Taten umgesetzt werden.

Der Rat, der aus den Worten des deutschen Dramatikers Christian Friedrich Hebbel zu ziehen ist, zielt auf die vielleicht wichtigste Schnittstelle im menschlichen Tun, auf jene Schwelle, jene immer wiederkehrende Situation, in der sich zeigt – und im Prinzip immer wieder der betreffende Mensch selbst entscheidet –, ob es bei der Idee, der Verheißung, der Hoffnung bleibt oder ob sie umgesetzt und zu etwas Tatsächlichem wird.

Es gibt zahlreiche Aphorismen, Aussprüche zu diesem Problem, zu der Kluft zwischen Idee und Tat, zwischen Vorhaben und Umsetzen. In allen geht es um die Erkenntnis, dass die Idee noch nicht die Tat ist. Es wird auch betont, dass die Umsetzung schwieriger ist, als eine gute Idee zu haben. Wichtig ist es, darüber nicht in irgendeinen Dualismus zu verfallen, was hieße, die Bedingtheit von Idee und Tat zu trennen. Beide gemeinsam sind wichtig, sie stehen in Wechselwirkung. Denn kein gutes Ergebnis ohne eine gute Idee. Ebenso ist jede Idee erst dann tatsächlich gut, wenn sie zu einer herausragenden Tat führt.

Was aber auch hinter Hebbels Worten steht, ist der Hinweis darauf, dass nicht immer nur besondere Ideen erforderlich sind, sondern dass es wichtig ist, auch dem Alltag sein Recht zuzubilligen und somit, bei allem menschlichen Ehrgeiz und Streben, die Sicherstellung von Grundbedürfnissen nicht aus dem Auge zu verlieren.

Um in dem Bild Hebbels zu bleiben: Wir brauchen beides. Wir brauchen die Helligkeit der Blitze, sonst würden wir in Trübsinn verfallen, und wir brauchen die Wärme des Ofens. Erfrieren wir, werden uns Blitze nicht wieder lebendig machen.

»Die Reihenfolge, in der man die Dinge erlernt, ist schließlich, was die Individualität des Menschen ausmacht.«

Elias Canetti

Vergleicht man einmal verschiedene Lebensläufe, die man einigermaßen zu kennen meint, dann führen einem die Worte des Literaturnobelpreisträgers Elias Canetti einen weiteren erhellenden Aspekt darüber vor Augen, wie Menschen zu dem werden, was sie sind. Und dann ist es hochinteressant, der Überlegung zu folgen, inwiefern auch die Reihenfolge, in der Erfahrungen gemacht werden, sich auf das Wesen, den Charakter eines Menschen niederschlägt.

Schaut man sich etwa die verschiedenen Wege an, die Menschen in ihrer Ausbildung beschreiten, dann ist es nicht abwegig, Rückschlüsse auf das Innere, auf jeweilige Prägungen zu ziehen. Jemand, der nach einer Lehre und eventuell einigen Jahren Berufspraxis ein Studium aufnimmt, studiert meist völlig anders als der, der gleich nach der Schule begonnen hat, die Universität zu besuchen. Erstgenannter ist sicher in der Tendenz disziplinierter, vielleicht wissensdurstiger. Er kennt die Praxis und will nun die Theorie kennen lernen. Derjenige, der direkt von der Schule kam, quält sich, während er vielleicht nach der Praxis dürstet, durch die graue Theorie, deren Entsprechung im Leben zu erkennen ihm sehr schwer fällt. Auch die Karriere prägt natürlich einen Menschen. Wer früh sehr großen Erfolg hatte, denkt sicher anders als der, dessen Erfolg erst allmählich kam.

Canetti selbst war, was den gesamten Lebensweg betrifft, sicher selbst einer der besten Gewährsmänner für die Erkenntnis, dass die Reihenfolge des Erlernten den Menschen in seiner Individualität prägt. Er, der zunächst Chemie studierte, wurde später Schriftsteller und krönte diese Karriere letztlich mit dem Literaturnobelpreis.

Für das Management steckt in der Erkenntnis Canettis nicht nur ein Hinweis für eine differenzierte Beurteilung und Einschätzung von Kollegen, sie ist auch für Unternehmensprozesse hilfreich. Reihenfolgen beeinflussen nicht nur Menschen, sondern auch Projekte. Sie teilweise, zumindest in Planspielen oder Simulationen zu variieren, liefert nicht selten wichtige Erkenntnisse für mögliche Optimierungen der geplanten Schrittfolgen.

»Wir sollten immer nur charakterisieren wollen, nie kritisieren.«

Christian Morgenstern

Die Wörter »Kritik« und »kritisieren« haben schon lange den guten Ruf verloren, den sie einst genossen haben. Auch der längst schon nicht mehr junge Satz des deutschen Dichters Christian Morgenstern macht darauf aufmerksam.

Gegen Ende des 18. Jahrhunderts, zu Immanuel Kants Zeiten, der Hochzeit der Aufklärung und des beginnenden Idealismus, war das Wort »Kritik« ein Schlüssel, dessen sich die Vernunft bediente, um mit ihm zur Wahrheit vorzustoßen. Kritik als ein Infragestellen war gewünscht. Sie diente als Instrument, um Erkenntnisse immer weiter zu vertiefen und immer wieder zu erneuern. Aber trotz Kants epochalen Werken »Kritik der reinen Vernunft« und »Kritik der Urteilskraft« konnte es nicht ausbleiben, dass die Kritik in ein schlechtes Licht geriet. Der Grund ist ein einfacher und zugleich ein menschlicher: Kritik ist nicht angenehm.

Und so wurde die Betonung der negativen Seite des Wortes Kritik zum Anfang seiner latenten Rufschädigung. So versteht auch Christian Morgenstern in seiner Feststellung das »Kritisieren« als eine Tätigkeit, die bemängelt. Aber – und hier müssen wir die Kritik an der Verschlechterung des Rufes des Wortes Kritik ins Positive wenden – Christian Morgenstern macht mit seinem Satz und seinem Gegeneinander-Ausspielen von »Charakterisieren« und »Kritisieren« auf etwas aufmerksam, was eine bedenkenswerte, ja empfehlenswerte Haltung ist. Worauf Morgenstern hinauswill, ist der Ratschlag, dass man eher versuchen soll, etwas zu verstehen, als dass man es bemängelt. Denn wenn man »charakterisieren« gegen »kritisieren« setzt, wohnt dem »Charakterisieren« der Versuch inne, etwas zu beschreiben und es dadurch verstehen zu lernen. Das »Kritisieren« erhält dagegen den Charakter des Urteilens von einem festen und für richtig erachteten eigenen Standpunkt aus. Kritisieren heißt in diesem Sinne also, dass man fern davon ist, die eigene Position infrage zu stellen, geschweige denn daran denkt, dass das, was man kritisiert, vielleicht aus einer falschen Betrachtung entspringt. Insofern ist das eher neutrale, das eher beschreibende »Charakterisieren« vorzuziehen, das auch nicht mit »Akzeptieren« oder »Entschuldigen« zu verwechseln ist. Das »Charakterisieren« eröffnet vielmehr den Weg zu den Tatsachen und es wirbt um Verständnis für den anderen, aber auch für einen selbst. Gleichzeitig gibt es, etwa in Prozessen zur Problemerkennung und -lösung, den Weg zur sachlichen Analyse frei.

»Grundsatz der Werbung: sich siebenfach machen; siebenfach sich um die stellen, die man begehrt.«

WALTER BENJAMIN

Werbung bedeutet nicht nur mitzuteilen, dass es einen gibt. Werbung ist Beharrlichkeit. So, wie der Ritter um die Gunst seiner holden Maid wirbt, so wirbt ein Unternehmen um seine Kunden. So sollte es das zumindest tun.

Berücksichtigt man seinen ihm eigenen kulturkritischen Standpunkt, haben die Worte des deutschen Literaturkritikers und Schriftstellers Walter Benjamin zweifellos weniger den Charakter einer Aufforderung an Werber denn den einer Feststellung, wie der Konsument Werbung wahrnimmt. Insofern tritt hier das nicht seltene Phänomen in Kraft, dass gerade derjenige, der etwas herausstellt, was er als negative Feststellung zementiert wissen will, letztlich einen guten Rat für seinen Gegner gibt, im Falle Benjamins also für die Werbung.

Der Rat, der Benjamins Worten zu entnehmen ist, wird weniger dadurch wertvoll, dass man ihn als Mahnung auslegt, der Werbung eine möglichst große Frequenz zu geben. »Sich siebenfach machen« bedeutet vielmehr, möglichst viele Arten der Erscheinung zu wählen. »Siebenfach sich um die stellen, die man begehrt«, heißt an vielen verschiedenen Orten, in allen erdenklichen Blickrichtungen präsent zu sein. Um das alles richtig zu bewerkstelligen, muss man sich in die hineinversetzen, »die man begehrt«. Wo hält sich die Zielgruppe auf? Wo schaut sie hin? Was nimmt sie wahr? In dem »sich siebenfach machen; siebenfach sich um die stellen, die man begehrt«, steckt auch, dass das, was wahrgenommen wird, »siebenfach« sein soll: Problemlöser, Ideengeber, Sponsor, Helfer, Retter, je nachdem.

»Herr, vergib ihnen, denn sie wissen, was sie tun!«

Karl Kraus

Kaum hat man diese von dem österreichischen Schriftsteller Karl Kraus erschaffene Variation auf ein berühmtes Bibelwort gelesen, wird klar, der Mann hat Recht. Denn jene, die sehenden Auges, bei klarem Verstand und wider besseres Wissen eine offenkundig falsche Sache zu verantworten haben, bedürfen noch viel mehr der Vergebung als die Ahnungslosen.

»Ihr habt es gewusst!« oder »Ihr habt es wissen können!« sind die bitteren Anklagen, die den wissentlich Handelnden später mit Recht vorgeworfen werden.

Warum handeln aber Menschen zuweilen, ja allzu oft wider besseres Wissen? Es ist Angst vor Konfrontation, es ist Angst vor Machtverlust, vor Verlust des Arbeitsplatzes, die Unfähigkeit einzugestehen, vielleicht einen Fehler gemacht zu haben. Gestützt und goutiert wird ein solches Verhalten im Allgemeinen von tückischen Gedanken der Selbstberuhigung: »So schlimm wird es vermutlich gar nicht kommen«, oder noch verantwortungsloser: »Das ist dann das Problem der Nachfolger.« Später ist auch nicht die Ausrede akzeptabel, dass man ja nicht habe in die Zukunft sehen können und dass die Datenlage damals nicht eindeutig war.

Das Bibelwort »Herr, vergib ihnen, denn sie wissen nicht, was sie tun!« wird durch die Variation von Karl Kraus noch provozierender. Denn die, die nicht wissen, was sie tun, laden weit weniger Schuld auf sich als die, die die Folgen ahnen können. Ein Wort noch zu denen, die tatsächlich nicht wissen, was sie tun. Wer bewusst Nichtwissen in Kauf nimmt, wer nicht versucht sich zu informieren und Wissen zu erlangen, verhält sich ebenfalls schuldhaft.

»Die Mode ist die ewige Wiederkehr des Neuen.«

WALTER BENJAMIN

Oder anders gesagt: Mode wäre keine Mode, wenn sie nicht immer auf gewisse Art und Weise als etwas Neues empfunden würde. Dieses besagte Neue bedeutet jedoch nicht, dass es sich um etwas nie da Gewesenes handelt.

Als »neu« bezeichnen wir nicht selten etwas, was wir lediglich noch nicht kennen. Es kann von uns also auch etwas als neu betrachtet werden, was alt ist, schon mal irgendwann neu war und nun wiederkehrt. Im Grunde ist die Definition des deutschen Literaturkritikers und Schriftstellers Walter Benjamin, dass Mode die Wiederkehr des Neuen ist, das Aufzeigen eines unermesslichen Pools an Chancen für Kreative. Ja, es ist sogar ein Hinweis auf eine bestimmte viel versprechende Herangehensweise in Ideenfindungsprozessen.

Es ist kein Geheimnis, dass gerade die Kreativen, die besonders erfolgreich sind, sich sehr intensiv nicht nur mit den aktuellen Arbeiten ihrer Kollegen auseinander setzen, sondern ebenso ausführlich mit den Schöpfungen früherer Zeiten. So wurden sehr viele große Maler der Moderne nicht nur inspiriert von den Bildern und den Maltechniken der alten Meister, viele sind sogar ausgezeichnete Kenner ihrer Vorgänger. Das gleiche kann man auf andere Metiers anwenden: auf den Film, die Musik, das Theater. Doch die meisten Menschen mit ausgewiesen großer Kreativität beschränken sich nicht nur auf ihren Bereich, sie versuchen Mechanismen und Ideen der anderen Bereiche auf den ihren zu übertragen. So waren es die Klangbilder und Stimmungsmomente der Musik, die Wassily Kandinsky unter anderem zu seinen ersten abstrakten Bildern inspirierten.

Kreativität, begreift man sie als das Erschaffen, Finden neuer Ideen, entsteht nicht nur aus einem vorhandenen Erfindungsreichtum, sondern ist in starkem Maße die Fähigkeit, andere Ideen, so alt sie auch sein mögen, aufzunehmen und auf überraschende Weise neu zu kombinieren.

Nicht von ungefähr werden viele Ideen, die die einen als neu empfinden, von anderen als alt und allenfalls gut neu kombiniert gewertet. Insofern ist »neu« relativ.

Das, was wir als aktuelle Mode empfinden, ist daher oft etwas, das so alt ist, dass es das allgemeine Gedächtnis vergessen hat. Somit kann es wieder neu werden, oder besser gesagt: neu erfahren werden. Ob es nun breite Absätze bei Frauenschuhen sind, der Geschmack eines Softdrinks oder die Farbe von Autos.

Für Kreativitätsprozesse, bis hin zu Marktforschung und später der Produktgestaltung, heißt das, auch Markterfolge der Vergangenheit, ihre Mechanismen, ihre Einflussfaktoren zu analysieren und zu überprüfen, was davon in der Aktualität von Nutzen sein kann: Ist es die Art der Ansprache? Sind es besondere Produkteigenschaften? Sind es besondere Lösungen?

»Alles Gescheite ist schon gedacht worden, man muss nur versuchen, es noch einmal zu denken.«

JOHANN WOLFGANG GOETHE

Auf den ersten Blick scheint diese Aussage eine Variation von Walter Benjamins »Die Mode ist die ewige Wiederkehr des Neuen« zu sein. Doch vergleicht man, was hinter beiden

Aussagen steckt, lässt sich in den Worten Goethes über den Rat, Lösungen der Vergangenheit nicht zu ignorieren, sie immer wieder neu zu kombinieren, noch ein weiterer sehr sinnvoller Hinweis finden.

Denn anders als die Feststellung Benjamins, dass das Neue, also das, was irgendwann vielleicht schon mal Erfolg hatte, immer wiederkehrt, enthält der Rat Goethes auch den Verweis auf jene Ideen, die, als sie schon einmal gedacht wurden, vielleicht verworfen wurden oder die, als man sie verwirklichen wollte, zu einem völligen Misserfolg gerieten.

Goethes Worte führen zu dem Schluss, dass es nicht darum geht, gleich zu sagen: »Das haben wir schon mal versucht, aber es war ein Flop«, sondern die Haltung einzunehmen: »Vielleicht war die Zeit damals noch nicht reif.« Oder: »Die Idee war schon damals gut, aber die Ausführung noch nicht.«

Der somit beschrittene Gedankengang führt also darauf hinaus, dass Neues nicht nur eine Neukombination von bereits da Gewesenem ist, sondern demnach auch die Neukombination von etwas zuvor »nur« Gedachtem sein kann, das nun einfach in völlig neuer Art und Weise angegangen wird.

So lohnt es sich, in jedem Unternehmen Projektideen jeglicher Art – sowohl mit Erfolg umgesetzte als auch und gerade gescheiterte – nicht nur zu archivieren, sondern sie immer wieder hervorzuholen, in ihnen zu stöbern. Denn oft müssen für einen Erfolg, um in Goethes Worten zu bleiben, manche Ideen »nur noch mal gedacht werden«.

»Mehr als ihre zahlenmäßige Größe ist es die Disziplin, die einer Armee die Überlegenheit über eine andere gibt.«

George Washington

George Washington musste es wissen, doch er war auch gezwungen, diese Worte zu beschwören. Denn als Oberbefehlshaber der Streitkräfte der jungen Vereinigten Staaten von Amerika waren seine Truppen zu Beginn des Unabhängigkeitskrieges nicht nur den feindlichen englischen Soldaten zahlenmäßig und in der Ausrüstung weit unterlegen, sondern obendrein ein bunt zusammengewürfelter Haufen unausgebildeter Männer.

Doch gerade indem Washington diese offenkundigen Schwächen anging, im Prinzip aus ihnen eine positive Forderung für seine eigene Aufgabe ableitete, handelte er vorbildlich. Anstatt also mit den Schwächen seiner Truppen zu hadern, setzte er genau dort an. Und so beherzigte er jene Forderung der Organisationslehre, genau vom schwächsten Punkt, vom Engpass aus zu organisieren.

Anfangs konnte Washington noch auf den nationalen Eifer seiner Männer bauen. Diesen durch Disziplin schlagkräftig zu machen war die Aufgabe, der er sich stellen musste. Als dann der Eifer nachließ und in den kalten Wintermonaten oder zur Ernte im Sommer zahlreiche Männer die Truppe einfach verließen, desertierten, war es die Disziplin der verbleibenden Soldaten, die Washington vor einem endgültigen Desaster bewahrte und ihn schließlich nach schlimmsten Widrigkeiten den endgültigen Sieg über die Engländer davontragen ließ.

Aus Washingtons Erfahrungen lässt sich die Erkenntnis ziehen, dass ein rechtzeitiges Aufbauen eines Ordnungsrahmens ein entscheidender Faktor für langfristigen Erfolg ist. Schon im Augenblick des Aufbruchs, der ersten Begeisterung für eine Idee oder ein Projekt, muss an mögliche spätere Engpässe gedacht werden. Disziplin bedeutet nicht nur Handlungsvorgaben für den Umgang im Team selbst zu schaffen, sondern auch einen Rahmen für das eigene Handeln zu geben, also Selbstmanagement zu betreiben. Disziplin ist im weitesten Sinne die Fähigkeit einer Handlungseinheit – sei es ein Team oder ein Unternehmen – auf Belastungen und Rückschläge letztlich robust und erfolgreich zu reagieren.

»In einer Konferenz wurde noch nie eine große Idee geboren, aber viele dumme Ideen starben dort.«

F. Scott Fitzgerald

Wenn es so ist, dann kann man zumindest erleichtert sagen, dass Konferenzen letztlich doch etwas Gutes haben. Aber Spaß beiseite, der amerikanische Schriftsteller F. Scott Fitzgerald fasst in diesem Satz brillant und treffend die Vorzüge und Grenzen von Konferenzen zusammen.

Reden wir zuerst von den Nachteilen, die eine Konferenz in Bezug auf Prozesse der Ideenfindung hat. Denn in der Tat ist ein Zusammentreffen mehrerer Menschen, seien es auch die klügsten und kompetentesten Köpfe, nicht unbedingt der ideale Rahmen, um in klar umrissener Zeit brauchbare Ideen zu finden. Oder anders gesagt, sucht man nach einer Idee, ist es nicht unbedingt das am ehesten zum Ziel führende Vorgehen, wenn man alle möglichen Leute einlädt nach dem

Motto: Morgen zwischen 10 und 12 Uhr Konferenz zwecks Ideenfindung. Zwar kann es tatsächlich passieren, dass eine Idee in diesem exakt angeordneten Zeitraum gefunden wird, vielleicht sogar eine gute, aber wahrscheinlich ist es nicht.

Konferenzen können jedoch dazu dienen, Rahmen für Ideen vorzugeben, wenn noch einmal die Aufgabe umrissen wird oder die zu findenden Lösungen benannt werden. Doch das beste Vorgehen, um die eigentliche Idee schließlich zu finden, ist ein eigener Prozess, der im Grunde nicht zu institutionalisieren ist – auch nicht in einer Konferenz.

Der Vorteil einer Konferenz als kurze Zusammenkunft, um Rahmenbedingungen für einen Ideenfindungsprozess abzustecken, wurde bereits erwähnt. Ihren eigentlichen Nutzen entfaltet eine Konferenz, wenn es darum geht, Ideen auf Herz und Nieren zu prüfen. Dazu passt auch der Satz Goethes: »Was man nicht bespricht, bedenkt man nicht recht.« Und weil sich in einer Konferenz die Gelegenheit ergibt, Vorschläge und Ideen von Experten verschiedener Unternehmensbereiche auf Herz und Nieren prüfen zu lassen, »sterben« eben einige Ideen dort. Vielleicht waren manche sogar gut, aber sie sind dann in diesem Moment und unter den jeweiligen Gegebenheiten nicht umzusetzen.

Die Lösungen, die schließlich in einer Konferenz gefunden werden, sollte man nicht mit Ideen verwechseln. Es sind meist Kompromisse beziehungsweise Handlungsmöglichkeiten, die gefunden werden. Insofern ist eine Konferenz ein gutes Bewertungs- und Lenkungsgremium, aber kaum ein Ort der Kreativität.

»Der Mann, der die Welt mit 50 noch so sieht, wie er sie mit 20 sah, hat 30 Jahre seines Lebens verschwendet.«

MUHAMMAD ALI

Dies ist eine Variante der Feststellung, dass Erfahrung im Grunde erst zu einer solchen wird, wenn sie etwas in einem bewirkt.

Das Leben geht voran und es hinterlässt bei jedem seine Spuren. Es ist herauszulesen aus dem so genannten Curriculum Vitae, es ist im Gesicht eines Menschen zu sehen, und das Leben brennt sich auch in die Seele ein.

Aber prägt es sich auch im Verstand ein? Wenn ja, so möchte man meinen, dann muss ein Mensch im Laufe seines Lebens auch viele verschiedene Blickwinkel eingenommen haben. Schaut man auf den Lebensweg des großen amerikanischen Boxers Muhammad Ali bekommt diese Beobachtung eine besondere Tiefe. Warum?

Das Leben Muhammad Alis, der als Cassius Clay geboren wurde, vereint auf besondere Weise eine allzu menschliche Mischung aus Kontinuität, Klarheit, Widersprüchen und Brüchen. Er wurde Olympiasieger, warf wütend über die anhaltende Rassendiskriminierung seine Goldmedaille in den Ohio, wechselte ins Lager der Profis, wurde Boxweltmeister, bekannte sich zum Islam, änderte seinen Namen und verweigerte schließlich auf dem Höhepunkt des Vietnamkriegs den Kriegsdienst. Man erkannte ihm den Weltmeistertitel ab und verurteilte ihn zu einer Haftstrafe auf Bewährung. Schließlich aber gelang es ihm, den Weltmeistertitel zurückzuerobern. Im Jahr darauf, er war 33 Jahre alt, sagte er die hier zitierten Worte.

Einerseits kann man sagen, dass sich Muhammad Ali immer treu blieb, vor allem seinen Werten, andererseits –

aber vielleicht gerade, weil er seinen Werten treu blieb – machte er im Laufe der Jahre mehrere Wandlungen durch, erlebte große Siege und bittere Niederlagen.

Beide haben viel mit seiner Treue zu seinen Werten zu tun, was mitnichten ein Festhalten an einer einmal gefassten Sicht auf das Leben bedeutet. Werte zeigen den inneren moralischen Rahmen eines Menschen auf. Sie sagen ihm, was er für gut und was er für schlecht hält. Insofern kann gerade das Festhalten an Werten im Laufe der Erfahrungen des Lebens zu veränderten Sichtweisen führen.

Dies geschieht nur, wenn wir lernen. Die immer wieder bemühte Feststellung »Leben ist lernen« erhält durch Muhammad Alis Worte den Charakter einer Aufforderung, einer Aufforderung dazu, Lernen nicht ab irgendwann im Leben, auf irgendeiner Erfahrungsstufe im Beruf, ab irgendeinem Alter nur noch als etwas zu begreifen, was einem passiert, sondern Lernen als eine Haltung zu verstehen, immer neugierig zu sein und bereit zu bleiben, Sichtweisen zu ändern.

»Gute Zähne sind mindestens so viel wert wie das Assessorexamen.«

THEODOR FONTANE

Ein Zitat muss nicht unbedingt sofort verständlich sein, um einen Gewinn zu verschaffen. Der Sinn dieses Satzes von Fontane ist zweifellos mehrdeutig. Lesen wir ihn aufmerksam, wissen wir zuerst nicht recht, in welche Richtung wir denken sollen.

Unter anderem ist an diesem Zitat interessant, welch überraschende Assoziationen einem aus heutiger Sicht in den Sinn kommen. In einer Zeit, in der ein vermeintlich makelloses Aussehen so wichtig geworden ist, dass Menschen die unglaublichsten Torturen auf sich nehmen, um dies zu erreichen, kann man sich des Denkreflexes nicht erwehren, Fontane habe die Welt der Schönheitsoperationen, des Fettabsaugens, des Haarfärbens von Männern schon im 19. Jahrhundert prophezeit. So als habe er sagen wollen: Das gute Aussehen ist mindestens so wichtig wie die gute Ausbildung.

Fontane wird aber mit seinen Worten eher gemeint haben, dass eine gute Ausbildung, die fachliche Ausrüstung nur eine von mehreren Voraussetzungen zum Erfolg ist. Er, ein Meister der Worte, wird wohl mit den »guten Zähnen« den unabdingbaren Biss gemeint haben, über den man verfügen muss. Sonst hätte er wohl »schöne Zähne« geschrieben.

Was aber bedeutet es, Biss zu haben? Ist das nicht das Gleiche wie Arbeitseifer? Keineswegs, denn Biss geht über den Fleiß hinaus. Biss zeigt sich, wenn es schwierig wird. Die Unterschiede zwischen Arbeitseifer und Biss zu kennen heißt, einen geschärften Blick für eventuelle Mängel in Umsetzungsprozessen zu gewinnen.

Das Examen zum Assessor, in Fontanes Zeiten der erfolgreiche Abschluss der juristischen Ausbildung als Beisitzer bei Gericht, war zweifelsohne Ergebnis von Arbeitseifer und Fleiß. Doch auch ein erfolgreicher Berufsweg erfordert viel Biss beziehungsweise »gute Zähne«.

Im Übrigen wird zuweilen »Biss« mit »Charakter« gleichgesetzt. So wird, wenn jemand in eine kritische Situation geraten ist, gerne proklamiert, dass sich jetzt zeigen werde, ob er Charakter hat. Um diese Frage kann es zwar tatsächlich gehen. Aber man sollte sich auch fragen, ob es sich jetzt nicht eher zeige, ob er den Willen hat.

Willen und Biss können etwas mit Charakter zu tun haben, aber auch mit Zielen. Wenn man in einer kritischen Situation plötzlich merkt, dass man den Biss nicht hat, weil einem der Willen, das Ziel im Grunde fehlt oder wenig bedeutet, dann kann es auch von Charakter zeugen, die Sache aufzugeben.

»Je mehr sich einer gehen lässt, umso weniger lassen ihn die anderen gehen.«

FRIEDRICH NIETZSCHE

Oder anders gesagt, je weniger sich jemand im Griff hat, desto mehr verliert er von seiner Freiheit. Was heißt es aber, sich im Griff zu haben? Es ist immerhin eine mehr oder minder schwammige Bezeichnung für etwas, das zu beherzigen so wichtig im Leben ist.

Sich im Griff haben, sich nicht gehen lassen heißt seinem Leben und seinem Tun einen Handlungsrahmen zu geben, der es einem ermöglicht, eigene Wünsche und Ziele zu verwirklichen. Gleichsam lässt dieser Handlungsrahmen aber im Idealfall auch viele Freiheiten und gewährt gerade den eigenen Schwächen Raum, ohne sie jedoch Überhand gewinnen zu lassen. Dies ist wichtig. Denn ein Mensch muss sich entspannen und sich fallen lassen können, er muss Freiräume für die Entfaltung seiner Persönlichkeit haben.

Dies zu betonen ist auch bedeutsam, um einen Menschen, der von Natur aus ordnungsliebend ist, nicht zu dem

Fehlschluss zu verleiten, reine Ordnung sei alles. Insofern bedeutet eine »gute« Ordnung also, dem nicht Geordneten und dem, was man auch nicht ordnen will, einen Raum zu geben.

Eine gewisse Ordnung und Disziplin dienen im Prinzip – nicht mehr und nicht minder – als Hilfsmittel, das in die Tat umzusetzen, was man erreichen möchte, und letztlich auch der Freiheit des eigenen Ich. Diese Aussage steckt auch in Nietzsches Worten. Je weniger sich ein Mensch dieses Hilfsmittels bedient, so scheint Nietzsche sagen zu wollen, desto stärker gerät er unter den Einfluss der Menschen, die es tun, und gewährt ihnen so, ohne dass er es will, Macht über sich.

»Der Edle verhält sich zu allen gleich, der Gemeine hingegen liebt Kumpanei und Cliquenwirtschaft.«

KONFUZIUS

Mit diesen Worten plädiert der große chinesische Philosoph Konfuzius keineswegs für ein Entfliehen jeglicher Gemeinschaft, auch sind sie nicht als Ratschlag zu verstehen, Bindungen zurückhaltend einzugehen. Gerade Konfuzius steht für den hohen Wert von Bindungen, etwa der Familie. Es ist das richtige Verhalten in Gemeinschaften, worauf Konfuzius mit seinem Satz aufmerksam machen will.

Zunächst einmal ist wichtig klarzustellen, dass es bei den Begriffen »Edler« und »Gemeiner« nicht um gesellschaftliche Ränge geht, etwa des Edelmanns als Edlen oder des Tagelöhners als Gemeinen. Konfuzius' Worte verweisen vielmehr auf eine Einstellung, auf eine innere Haltung. In dem hier gemeinten Sinn ist ein Edler, egal, ob er ein bestens ausgebildeter Professor oder ein ungelernter Gelegenheitsarbeiter ist, edel in Gesinnung und Haltung – und hier insbesondere in seiner Haltung und seinem Verhalten gegenüber anderen.

Konkret wird hier die Unterscheidung in edel und gemein in Bezug darauf gemacht, ob jemand Kumpanei oder Cliquenwirtschaft betreibt. Damit ist keineswegs Solidarität und Loyalität gemeint. Auch nicht die Unterstützung und Förderung bestimmter Kollegen und Mitarbeiter, ebenso wenig die Hilfestellung für Freunde und Familienmitglieder. Kumpanei und Cliquenwirtschaft beginnen dann, wenn man wider besseres Wissen und eventuell auch entgegen dem eigenen Gewissen bestimmte Leute bevorzugt oder benachteiligt. Solch einem Handeln nicht zu verfallen ist im Prinzip einfach zu bewerkstelligen. Jeder muss seine Entscheidungen immer wieder prüfen, ob er sie möglichst fair und gerecht trifft. Ein Mensch ist selten objektiv. Er hat seine Sympathien und Antipathien. Aber vor allem im Berufsleben sollte man sich bewusst machen, ob man bei einer Entscheidung für oder gegen einen Kollegen oder Mitarbeiter eher seinen Gefühlen nachgegeben hat und weniger rationalen Gesichtspunkten gefolgt ist. Es geht um den Versuch möglichst fair zu sein. Diese Fairness wird spätestens dann verlassen, wenn gegen die Regeln gehandelt wird: Indem man Informationen vorenthält, an Teammitgliedern vorbei Absprachen trifft, Wohlverhalten eher belohnt als Leistung – die Liste lässt sich beliebig verlängern.

Um es also klar zu stellen: Kumpanei und Cliquenwirtschaft sind oft weder Kavaliersdelikte, noch sind es Verhaltensweisen bestimmter Gesellschafts- oder Führungsschichten. Diese Phänomene treten überall auf und auch auf jeder Ebene in einem Unternehmen. Sie sind von Übel, denn sie zerstören Teamgeist, führen zu Gruppen- und Lagerbildung. Letztlich hemmen sie Kreativität und Produktivität.

Jeder kann Täter und Opfer von Kumpanei und Cliquenwirtschaft werden. Im schlimmsten Falle wird es zu Mobbing.

»Führungskräfte, die solche werden und auch bleiben, bieten Lösungen an, wenn sie Probleme aufzeigen.«

MALCOLM FORBES

Führen bedeutet, Wege aufzuzeigen und zu beschreiten, die zu einem Ziel führen. Es reicht nicht, den Titel »Geschäftsführer« oder »Abteilungsleiter« auf der Visitenkarte zu führen und die mit dem Rang verbundenen Kompetenzen verliehen bekommen zu haben. Natürlich ist die Führungsaufgabe – und da wird jede Führungskraft zweifellos auch fleißig nicken – mit Pflichten, mit einem hohen Maß an Verantwortung verbunden. Die Entscheidungen, die in den Verantwortungsbereich einer Führungskraft fallen, haben bedeutende Auswirkungen auf die wirtschaftliche Situation der Mitarbeiter und natürlich des Unternehmens.

Traurig ist nur, dass manche Führungskraft unter ihren Aufgaben das versteht, was traditionell ein Häuptling oder Clanführer für sich in Anspruch nahm: Besitzstände des eigenen Machtbereichs zu mehren, zumindest zu wahren. Nahezu alle Tätigkeiten, sei es der Verweis auf zu befolgende Formalien, sei es die Sicherung von Pfründen der eigenen Abteilung, lassen sich darauf zurückführen. Bekenntnisse zur Verantwortung, die für das Funktionieren und Fortkommen des ganzen Unternehmens wichtig ist, werden häufig in mehr oder minder inbrünstig formulierten Worthülsen vorgetragen. Die so handeln, jeder wird zustimmen, sind schlechte Führungskräfte. Denn sie arbeiten nicht an der Lösung von Problemen. Sie sind oft selbst das Problem, und so gerät es ihnen häufig zu einer Art Mittel zum Zweck, dass sie nur Lösungen für das eigene Wohl herbeiführen und nicht für ein Ganzes.

Die Worte des amerikanischen Verlegers Malcolm Forbes verweisen aber auf die Kernverantwortung, die Führungskräfte tragen: sie müssen Probleme erkennen und sie lösen! Es ist sogar ihre Hauptaufgabe, Problemlösungen zu entwickeln und diese umzusetzen.

»Denken ist nicht Einwilligen oder Ablehnen. Das wäre Abstimmen.«

ROBERT FROST

Leider machen wir alle immer wieder den Fehler, lautes Denken, Erörtern, mit Resümieren zu verwechseln. So laufen wir oft in eine selbst aufgestellte Falle unserer Gedanken, indem wir einem anderen unterstellen, er rede zielgerichtet, nur um sein längst gefasstes Urteil zu begründen. Dabei variiert er womöglich nur ein Thema und wägt verschiedene Argumente ab.

Diesem Denkfehler nach einiger Berufserfahrung zu unterliegen mag allerdings auch seinen Grund darin haben, dass oft gerade in Gesprächen unter Managern das »gemeinsame Denken« oder »gemeinsame Erörtern« bereits so gesteuert wird, dass weniger von Denken als von »geleitetem Entscheiden« geredet werden kann. Denken wird somit zum Euphemismus.

Doch nehmen wir Denken als das, was es sein soll. Als kreativen Weg. Läuft dieser Prozess nur in einem selbst ab, dann sind die Beschränkungen nur die eigenen Grenzen und Tabus. Beim gemeinsamen Denken mit anderen treten schon bestimmte Regeln in Kraft. In diese sensible Zone wagen sich die Worte des amerikanischen Dichters Robert Frost. Für den Berufsalltag lassen sich daraus mehre Anregungen ableiten.

So sollte in Besprechungen auf eine Atmosphäre geachtet werden, in der alle Beteiligten wissen, dass sie »spinnen« können. Das ist leichter gesagt als getan. Es kann jedoch schon helfen, einer Besprechung von Anfang an den Erfolgsdruck zu nehmen. Lieber plant man mehrere Treffen ein, in denen die Köpfe rauchen können. Außerdem ist es für die kreative Atmosphäre wichtig, dass Ideen geäußert werden können, ohne dass sie sofort bewertet werden. Im Idealfall wird so gearbeitet, dass jeder Einfall zunächst einmal möglichst aufgeschlossen aufgegriffen und weiter besprochen wird. Jede Idee, mag sie noch so absonderlich wirken, sollte mit der Haltung aufgenommen werden, dass sie der Schlüssel zur Lösung sein könnte. Wird sie gleich bewertet, kann sie sich nicht entfalten. Dann ist Denken nicht mehr Denken, sondern wie Robert Frost sagt: Abstimmen.

»Zu schade, dass alle, die wissen, wie man das Land zu führen hat, damit beschäftigt sind, Taxis zu fahren und Haare zu schneiden.«

George Burns

Auf den ersten Blick wirkt diese Feststellung des großen amerikanischen Komikers und Schauspielers George Burns wie ein herablassendes Urteil über Taxifahrer und Friseure. Aber nur auf den ersten Blick. Denn will man aus diesen im Grunde sogar tiefgründigen Worten lernen, gilt es, wie so oft, einen Tick weiter zu denken.

In diesem Falle heißt das, sich nicht voller Schadenfreude auf etwaige Vorurteile über Taxifahrer und Friseure zu stürzen, die im Übrigen letztlich meist gerade auf den zutreffen, der dieses Vorurteile hegt, sondern dem allzu menschlichen Mechanismus nachzugehen, der in George Burns' Worten angesprochen wird. Denn worum es hier geht, ist Kritik zu üben an einer Haltung, die kritisiert, aber im entsprechenden Tätigkeitsfeld selber keine Verantwortung übernehmen will.

Damit es richtig verstanden wird: Die Kritik dieser Haltung impliziert nicht den Umkehrschluss, dass nur der Kritik üben darf, der in besagtem Feld Verantwortung übernehmen will oder sie bereits übernimmt. Dies hieße Grundvoraussetzungen demokratischen Denkens zu unterminieren. Was aber George Burns' bissige Bemerkung offen legt, ist die weit verbreitete Haltung, die jeder von uns Gefahr läuft, hin und wieder einzunehmen: nicht den Standpunkt, die Umstände, das Umfeld des Kritisierten in der eigenen Kritik an ihm zu berücksichtigen, vor allem aber zu verallgemeinern. Ein Land zu führen – oder machen wir es einige Nummern kleiner: ein Unternehmen zu führen, egal welcher Größe – ist nun mal nicht die Aufgabe, die einen Beliebtheitspreise gewinnen lassen kann. So muss nicht selten bei Entscheidungen zwischen zwei Übeln gewählt werden.

Aus George Burns' Feststellung ist zu lernen, dass bei aller Bewahrung eines kritischen Blicks versucht werden muss, nicht zu verallgemeinern. Verantwortliche pauschal zu kritisieren hilft vor allem in Konfliktsituationen nicht weiter.

Ebenso wenig wie Taxifahrer und Friseure anscheinend immer alles besser zu wissen glauben, ohne aber bereit zu sein, tatsächlich Verantwortung zu übernehmen, sind Manager und Politiker per se inkompetent oder denken nur an ihren Vorteil. In der Regel sind sie sich ihrer Verantwortung bewusst. Welchen Druck das bedeutet, kann sich jeder vorstellen, der schon mal Verantwortung für andere Menschen übernommen hat. Man muss sich nur mal kurz die Mühe machen, sich das vor Augen zu führen – ob man sein Geld mit Taxifahren, Haareschneiden oder etwas anderem verdient.

»Die radikalsten Revolutionäre werden einen Tag nach der Revolution Konservative.«

HANNAH ARENDT

Was ist Fortschritt, was ist Beharren? Wann beginnt das Bewahren durch Wandel und wann durch Verharren die Gefährdung dessen, was man bewahren will? Zweifelsohne beschreiben die Worte der Sozialwissenschaftlerin Hannah Arendt den allzu menschlichen Mechanismus, der zu wirken beginnt, sobald derjenige, der zuvor etwas ändern wollte, ebendies erreicht. Nun, da das Ziel erreicht wurde, gibt es etwas zu verlieren. Vielleicht zeigt sich der wahre Revolutionär erst, wenn er gesiegt hat. Doch zumeist wohl entpuppt er sich nun als Konservativer.

Nur wenige machen in dem Augenblick, da das vormals Revolutionäre siegt, den Schritt, ein neues Ziel ins Auge zu fassen. Oder anders gesagt, viele, die etwas erreicht haben, möchten, auch dies ist allzu menschlich, dagegen ankämpfen, dass ihr endlich und unter Mühen erreichtes Ziel erneut der Dynamik, dem Wandel des Lebens, den Angriffen neuer Revolutionäre ausgesetzt ist.

Man kann den Personenkreis, auf den Hannah Arendts Worte zutreffen, sogar noch weiter fassen. Denn auch der an seinen Werten festhaltende Revolutionär ist ein Konservativer. Man nennt ihn nur etwas freundlicher Wertkonservativer. Hannah Arendt macht mit ihrer Aussage auch darauf aufmerksam, wer von denen, die wir Revolutionäre nennen, tatsächlich (noch) einer ist und wer von denen, die wir als konservativ bezeichnen, in der Tat guten Gewissens so genannt werden kann. Und so geht es letztlich um das Hinterfragen von Begriffskategorien. Denkt man wertneutral zu Ende, muss man eigentlich zu dem Schluss kommen, es ist gut, von beidem etwas zu haben. Und von den beiden von Hannah Arendt gegeneinander ausgespielten Begriffen »revolutionär« und »konservativ« das Gute zu übernehmen, hieße sie aufzulösen. Man könnte dann die Haltung einnehmen, Dinge im Guten und mit Pragmatismus zu bewahren und zu verändern. Dies als revolutionär oder konservativ zu bezeichnen bleibt dann anderen überlassen. Auf jeden Fall wird es überraschen, wer dann plötzlich konservativ und wer revolutionär erscheint.

»80 Prozent des Erfolges ist sich zu zeigen.«

Woody Allen

Dass sie etwas Besonderes leisten, aber keinen Erfolg haben, ist eine Klage, die nicht wenige Manager führen. Dadurch, dass Woody Allen der Bedeutung wahrgenommen zu werden einen solch hohen Prozentanteil am Erfolg einräumt, mag er das, was er sagen will, bewusst überspitzt haben – eben um Wirkung zu erzielen.

Trotz oder gerade wegen seiner Prägnanz provoziert Woody Allens Satz eine Kontroverse. In einer Mischung aus Erfahrung und Gefühl mag man zustimmen, in einer Mischung aus Wunsch und Ideal will man widersprechen.

Doch vielleicht ist Woody Allens eigener Weg zum Erfolg ein Schlüssel zu einem letztlich versöhnlichen Akzeptieren seiner Worte.

Woody Allen begann als Gagschreiber, war bald sehr erfolgreich und verdiente viel Geld damit. Er hatte einen Namen unter Kennern, aber nicht in der Öffentlichkeit, war ein Mann hinter der Bühne, weit entfernt von dem, was er mal sein würde. Den tatsächlich entscheidenden Schritt zu seinem Erfolg tat er, als er – sehr widerwillig – dem Rat der beiden Männer folgte, die seine Manager wurden, und begann als Stand-up-Comedian aufzutreten. Abgesehen von dem angenehmen Nebeneffekt, dass er nun ein ausgezeichnetes Testfeld für seine Pointen hatte, wurde er gleichzeitig einem größeren Publikum bekannt. Die nächsten Stufen auf der Erfolgsleiter ließen nicht auf sich warten. Woody Allen wurde Drehbuchschreiber und schließlich Regisseur.

Das Beispiel Woody Allens zeigt einen von vielen Wegen zum Erfolg. Es zeigt, wie man es machen kann. Es dient aber auch hervorragend dazu, zu verdeutlichen, wie Woody Allens

Ausspruch nicht verstanden werden sollte, wenn Nutzen aus ihm gezogen werden soll: Denn unter »sich zeigen« ist nicht zu verstehen, darauf zu achten, möglichst oft dabei zu sein, wenn ein Ereignis der Branche oder des Unternehmens ansteht. Wer Spaß daran hat, gerne, aber es sollte nicht erwartet werden, dass das »80 Prozent des Erfolges« ausmacht. Tut man es jedoch nur, um dabei zu sein, führt diese im Grunde lediglich aus einem Gruppenzwang entstandene Handlung meist zur Frustration. Denn spätestens vor Ort wird einem klar, dass man am liebsten woanders wäre, und irgendwann taucht die Frage auf, ob die Entscheidung teilzunehmen auf der Hoffnung auf neue Geschäftskontakte oder eventuell einen neuen Job beruhte. Die nüchterne Antwort, die man sich dann meist geben muss, ist: Man erhoffte eine Chance, hatte aber kein Ziel.

Man frage mal einen Schauspieler, wie groß die Chance ist, eine Rolle dadurch zu erhalten, dass er auf einem Filmfestival von einer Party zur anderen hetzt.

Man sollte sich aber, ja muss sich sogar zeigen, und das ist die Lehre aus Woody Allens Worten, wenn etwas zielgerichtet an den Mann und die Frau gebracht werden soll. Wenn ein neues Produkt erfolgreich eingeführt werden soll, wenn man die Reaktionen des Publikums oder der Zielgruppe erfahren möchte, dann ist die Präsenz ein Muss oder man verschenkt mit großer Wahrscheinlichkeit den Erfolg. Wichtig ist, die Wahl des Ortes und der Zeit selber zu treffen, abgestimmt auf die eigenen Ziele. Woody Allen hat das getan.

»Zehn Küsse werden leichter vergessen als ein Kuss.«

JEAN PAUL

Ein Plädoyer für das Besondere. Denn ein Kuss für sich ist immer etwas Besonderes. Viele Küsse, so schön sie sind, werden zur Alltäglichkeit, wenn auch zu einer noch immer schönen. Was der deutsche Schriftsteller Jean Paul mit seinen Worten meinte, wird uns klar, wenn wir an den ersten Kuss denken. Gerade der erste Kuss einer Beziehung bleibt unvergessen. Aber wie ist es schon mit dem zweiten?

Geht es hier also, wenn man an Managementaufgaben denkt, um den ersten Eindruck, um die erste Begegnung? Vielleicht, aber nicht nur. Eine Bindung wird nicht enger, indem man bestimmte Reize, die für sich zwar sehr schön sind, beliebig vervielfacht. So geht es hier also auch um Frequenz und um die Inszenierung des Besonderen. Es geht auch darum, dass man nicht jeden Tag das Besondere haben oder erzwingen kann.

Das führt zu der Erkenntnis, dass Werbung, Marketing gerade in einer Welt der Medienvielfalt, der Überflutung durch Reize, nicht einfach nur über die Vervielfachung funktionieren kann. Wenn wir noch weiter denken, wird uns klar, dass es für einen dauerhaften Erfolg nicht ausreicht, nur das Außergewöhnliche zu kommunizieren, immer neue Reizhöhepunkte zu setzen.

Eine dauerhafte Beziehung besteht nicht nur aus Reizen. Sie besteht auch in starkem Maße aus Bindungen, aus Vertrauen, Verlässlichkeit, sei es die Beziehung zwischen zwei Menschen, sei es die sehr viel profanere zwischen einem Unternehmen und seinen Kunden. Und so verliert ein Kuss, selbst ein einzelner besonderer, seine Wirkung, wenn das, was dahinter ist, nicht stimmt.

»Wenn du einen Feind umzingelst, dann lasse einen Ausweg frei.«

Sun Tsu

Es geht nicht um die Vernichtung des Feindes. Der Versuch, dies zu erreichen, hat immer wieder zu neuen Konflikten geführt. Daher sollte im Grunde in jedem Konflikt das Ziel vor allem darin bestehen, sich durchzusetzen, zu behaupten und zu siegen. Doch es sollte nicht das Ziel sein, den Gegner zu vernichten. Denn Auslöser eines Konfliktes ist nicht die Existenz des anderen, sondern es sind kollidierende Interessen.

Bei dem Rat des chinesischen Generals und Militärtheoretikers Sun Tsu mag sich bei dem einen oder anderen Widerspruch regen. Gibt man einem Gegner, den man nicht vernichtet, nicht erneut Gelegenheit, in den Kampf zu ziehen? Mag sein, kann man antworten. Aber man muss weiter denken. Man muss sich beispielsweise fragen, ob nach dem gewonnenen Kampf der Konflikt tatsächlich noch besteht. Wenn ja, eröffnet dann nicht ein Ausweg dem Unterlegenen die Möglichkeit, den Konflikt zu beseitigen? Gibt man, indem man im Sieg nicht triumphiert, nicht zum Äußersten geht, dem Unterlegenen und sich selbst nicht die Möglichkeit, künftig friedlich, vielleicht sogar partnerschaftlich fair miteinander auszukommen?

Dem Feind einen Ausweg zu lassen bedeutet, ihm zu signalisieren, dass es gemeinsamen Frieden geben kann. Der Rat

Sun Tsus ist nicht nur für einen einzelnen Konflikt wertvoll. Gerade in Unternehmen oder Teams mit Dauerkonflikten ist dieses Vorgehen ratsam. Es hilft dem Kontrahenten, sich selbst die Möglichkeit offen zu halten, irgendwann einmal zur Versöhnung und eventuell sogar zu einer gewissen Gemeinsamkeit zu kommen. Außerdem eröffnet ein solches Vorgehen die Möglichkeit, zwischen dem rein sachlichen Konflikt und der Person, die ihn trägt, zu trennen. Wenn die Person des Gegners für einen selbst der Grund des Konflikts zu sein scheint, hilft einem die Versachlichung, die eigenen Emotionen »herunterzudampfen«. Es hilft vor allem, um sich darauf zu konzentrieren, den Feind in kühler Sachlichkeit zu umzingeln und ihm dann den Ausweg frei zu lassen. Der Sieg ist doppelt schön. Denn man stellt den Gegner nicht bloß, gibt ein Beispiel, kann sich selbst noch in die Augen sehen und legt womöglich den Keim für eine in jener Angelegenheit friedlichere Zukunft.

»Eine stolz getragene Niederlage ist auch ein Sieg.«

Marie von Ebner-Eschenbach

Auch und gerade die Art, wie ein Mensch Niederlagen hinnimmt, Rückschläge erträgt, macht ihn aus, trägt in hohem Maße sogar zu manchem letztlich doch noch erzielten Erfolg bei. Es geht nicht nur um das Bild, das ein Mensch in der Niederlage nach außen abgibt, es geht vor allem um die innere Auseinandersetzung mit der Niederlage, die innere Haltung, zu der man findet.

Sie setzt sich im Wesentlichen aus zwei wichtigen Faktoren zusammen: der Identifizierung des Grundes für die Niederlage und dem Erkennen des Nutzens, der aus der Niederlage zu ziehen ist. So zusammengesetzt prägt die innere Haltung schließlich das äußere Bild, das jemand in der Niederlage abgibt.

Eine stolz getragene Niederlage, diese Erkenntnis liegt auch in den Worten der deutschen Schriftstellerin Marie von Ebner-Eschenbach, ist auch ein Bekenntnis zur eigenen Person, zu den eigenen Zielen und Werten, ein Zu-sich-selbst-Stehen. Ist man in der Niederlage von der Richtigkeit seines Tuns überzeugt, ist der Stolz ein Trost und Geradehalter. Erkennt man in der Niederlage, dass man womöglich falsch gelegen hat, dass eigene Fehler zur Niederlage geführt haben, ist das Zugeben des Fehlers, ist das Aussprechen einer Entschuldigung keine Niederlage, sondern ein Sieg – zumindest über sich selbst. Ein solcher Sieg in einer Niederlage ist oft besser für die eigene Seele und Entwicklung als mancher vermeintliche Erfolg.

»So häufig sich der Geschmack ändert, so selten die Neigungen.«

La Rochefoucauld

Dieser Aphorismus des Duc de La Rochefoucauld trifft ins Herz des ewig rätselhaften und daher unermüdlich erforschten Verhaltens von Kunden. Denn wer Kunden gewinnen will, begibt sich in ein Spannungsfeld, in dem sehr verschiedene Kräfte wirken. Da sind einmal die zuweilen nur kurz aufflackernden Emotionen, dann die schon etwas langfristiger angelegten Motivationen und nicht zuletzt die oft sehr langlebigen und sehr viel schwieriger zu beeinflussenden, geschweige denn zu ändernden Einstellungen.

Während Geschmack in seiner Flatterhaftigkeit – auch wenn es natürlich unveränderliche Geschmäcker gibt – häufig verwandt ist mit Emotion, sind Neigungen in ihrer relativen Beständigkeit mit Einstellungen zu vergleichen.

Welcher Erkenntnisgewinn ist daraus zu ziehen und noch wichtiger, welcher Rat für das unternehmerische Handeln abzuleiten? Dies vorweg: Das Zusammenspiel von Emotionen, Motivationen und Einstellungen von Menschen oder Menschengruppen, bei denen dann auch noch Gruppenmechanismen hinzukommen, zuverlässig deuten zu können, sollte man nicht erwarten.

Wichtig ist vielmehr sich der Existenz der oben genannten Mechanismen bewusst zu sein und dies zu berücksichtigen. So ist es wichtig, in Bezug auf Produkteigenschaften und zu treffende Marketingaussagen zu wissen, ob und inwieweit man bei den Bedürfnissen der Kunden deren Geschmack oder deren Neigungen bedienen will. Gerade La Rochefoucaulds Worte machen auf eine solche Differenzierung aufmerksam. So können Anbieter von Konsumprodukten, die vor allem den sehr wankelmütigen Geschmack ansprechen, nicht unbedingt mit der Langlebigkeit eines Produktes rechnen. Daher müssen sie zum einen ein Produktportfolio pflegen, das die Risiken verteilt, zum andern dürfen sie nicht den Kontakt zu den Strömungen der Zeit, zu den Moden, denen ihre Kunden ausgesetzt sind, verlieren. Anbieter von langlebigen Produkten, also etwa von Investitionsgütern, aber auch von langlebigen Haushaltswaren, dürfen den Geschmack nicht vernachlässigen, doch müssen sie besonders hohe

Qualität gewährleisten. Sie müssen sowohl eine geringe Reparaturanfälligkeit ihrer Produkte sicherstellen als auch einen sehr guten Service. Denn so viel noch zu Neigungen: Der Mensch bleibt vor allem dem treu, bei dem er sich langfristig aufgehoben fühlt.

»Erst, wenn man loslässt, bekommt man wieder Lust.«

EVA MATTES

Loslassen bedeutet Abstand zu gewinnen. Wenn man sich in eine Aufgabe verbissen hat, kommt irgendwann der Punkt, an dem, wenn man ehrlich ist, das Festhalten, das Beharren, das Weitermachen zum Selbstzweck zu gerinnen droht.

Loslassen heißt in diesem Bekenntnis der deutschen Schauspielerin Eva Mattes keineswegs, etwas aufzugeben, etwas fallen zu lassen. Loslassen ist hier, wie der zweite Teil des Satzes verrät, als Rat zu verstehen, eine Umklammerung, eine Art Erstarrung, gewachsen durch die zu intensive Beschäftigung mit dem Objekt, zu lösen.

Charakter dieses Loslassens ist aber das Bleiben, die Treue, die Beharrlichkeit. Das hier von Eva Mattes gemeinte Loslassen ist, so kann man interpretieren, ein Loslassen, das Raum gibt, um zu verarbeiten, zu reflektieren, zu meditieren, auch einmal gar nicht daran zu denken. Dieses Loslassen eröffnet die Möglichkeit, sich selber und seine Absichten zu hinterfragen, sich seiner Ziele zu erinnern, neue Blickwinkel zu entdecken und gegebenenfalls einzunehmen.

So ist es ein Loslassen im Festhalten. Im Berufsleben ist es wichtig, den Blick für die rechtzeitig einzunehmende Distanz zu schärfen, um, wie Eva Mattes' Worte nahe legen, wieder Lust zu bekommen. In einem Projekt, das sich festgefahren hat oder wenn in einem Kreativitätsprozess nicht die richtige Idee zündet, kann es von großem Nutzen sein, alles beiseite zu legen, um es mit dem richtigen zeitlichen und geistigen Abstand wieder aufzugreifen. Aber auch für die eigene Kraft im Alltag der beruflichen Aufgaben ist es wichtig, immer wieder durch das Eintauchen in völlig andere Welten bewusst Abstand zu gewinnen. Ein guter Manager schafft sich diese Freiräume ebenso konsequent und zielbewusst, wie er es von sich bei der Erfüllung seiner beruflichen Aufgaben verlangt.

»Einige sehen die Dinge, wie sie sind,
und fragen, warum;
ich träume von Dingen, die noch niemals waren,
und frage: warum nicht.«

Robert F. Kennedy

Im US-Präsidentschaftswahlkampf im Jahr 1968, in dessen Verlauf er ermordet wurde, benutzte der für das Präsidentenamt kandidierende Robert F. Kennedy diese Worte in zahlreichen Ansprachen. Er bediente sich sinngemäß eines Satzes, den sein Bruder, der Jahre zuvor ebenfalls bei einem Attentat zu Tode gekommene John F. Kennedy, bereits gebraucht hatte. Doch auch er hatte ihn entlehnt, und zwar einem Theaterstück des irischen Dramatikers George Bernard Shaw.

Die Worte geben in ihrem Sinn die Aufbruchstimmung wieder, die in den 1960er-Jahren nicht nur die USA erfasste und die in den Kennedys ihre amerikanische Personifizierung fand. Sie sind über alle Zeitläufte hinweg Ausdruck für eine Einstellung, die über das Erforschen der Gründe eines Ist-Zustands hinaus den Blick für Visionen und neue Wege nicht vergisst. Nimmt man die Aussage Wort für Wort, kann man natürlich argwöhnen, dass der, der diese Worte sagt, an der Beschäftigung mit dem Ist-Zustand kein Interesse hat, doch das wäre zu kurz gegriffen.

Denn Kennedy weist letztlich auf eine Haltung hin, die einzunehmen vor allem für Führungskräfte wichtig ist. Bei dieser Haltung geht es darum, nicht nur Dinge ins Auge zu fassen, die im Argen liegen, und sich darüber den Kopf zu zerbrechen, wie sie zu lösen sind, sondern darüber hinaus immer auch den Blick auf neue Ufer zu richten, immer zu versuchen, neue Ziele zu setzen und sie zu verfolgen. Im Grunde umreißen Kennedys Worte kurz und knapp die Pflichten einer Führungskraft: Bewahren und gleichzeitig wagen!

»Wenn sich die Geschichte wiederholt und das Unerwartete immer wieder passiert, wie unfähig muss der Mensch sein, von Erfahrungen zu lernen!«

George Bernard Shaw

Ist das ein Plädoyer, Geschichtsunterricht an Managementschulen einzuführen? Vielleicht wäre das sogar eine gute Idee.

Auf jeden Fall drängt sich zuweilen der Verdacht auf, dass bestimmte Abläufe wirtschaftlicher Verhaltensweisen permanenten Wiederholungen ausgesetzt sind. Sei es in makroökonomischer Hinsicht in Gestalt des Auf und Ab von Konjunkturzyklen, in mikroökonomischer Hinsicht das Verhalten von Anlegern an der Börse oder aus betriebswirtschaftlicher Sicht das Agieren und Reagieren von Unternehmensleitungen.

Lernen die Menschen tatsächlich nicht von Erfahrungen aus der Geschichte? Im Grunde lernen sie sehr wohl. Das Dumme ist nur, zum einen ist es einfach zu wenig, was sie lernen, zum anderen sind es meist nur ein paar Menschen, die ihre Erkenntnisse aus der Geschichte ziehen und diese auch umsetzen. Hinzu kommt, dass rasch ein Widerstreit der Ansichten entbrennt, sobald sich eine Situation der Geschichte wiederholt. Die einen meinen, die gleichen Mechanismen zu erkennen, wie sie in einer bereits schon einmal gewesenen Situation zu Tage getreten sind und warnen. Die anderen entgegnen, diese Mechanismen gälten nun nicht mehr, es gäbe genug Hinweise, dass andere, neue Gesetze wirksam seien.

Wie dem auch sei. Welchen Rat sollte man für jemanden, der Entscheidungen zu treffen hat, in Bezug auf Lehren aus der Geschichte geben? Vielleicht soviel: Zumindest sollte Interesse an den Erfahrungen anderer bestehen. Zum Beispiel sind Erfahrungen im Unternehmen als Anregung für die Lösungssuche ebenso wertvoll wie die gerade aktuellen und vermeintlich besten Instrumente. Die Gründe, die Schrittfolgen und die kausalen Zusammenhänge von Fehlern in der Vergangenheit sind nicht selten nahezu identisch mit Fehlern im Hier und Jetzt.

Wichtig ist: Es geht nicht um das Pauken von Fakten aus der Geschichte, sei es politische Geschichte, Unternehmensgeschichte oder die Geschichte eines Produktes, sondern darum zu ergründen, wie Ursachen und Wirkungen zusammenhängen, welche Mechanismen immer wieder zum Tragen kommen. Setzt man sich damit auseinander, hält die Geschichte vielleicht sogar schon die Lösung bereit.

»Jeder Mensch hat ein Brett vor dem Kopf – es kommt nur auf die Entfernung an.«

MARIE VON EBNER-ESCHENBACH

Ja, jeder. Jeder Mensch, sei es der größte Experte, die unangefochtene Koryphäe, jeder hat seine Grenzen der Kreativität, Grenzen des Wissens, der Vorstellungskraft.

Wofür steht das Bild? Es steht für vielerlei. Zum einen ist es Ausdruck für Beschränktheit überhaupt, aber auch Sinnbild für den Gegenstand, den man ganz nah vor sich hat, den man vielleicht gerade erkennt, vielleicht sogar gut zu beschreiben weiß, der aber den Blick darüber hinaus verstellt. Solch ein Brett vor dem Kopf kann also auch ein vermeintliches Erkennen, Wissen sein im Sinne von: »Das, was du erkennst, ist lediglich dein Brett vor dem Kopf.«

Worum es hier geht, ist nicht, darüber zu philosophieren, wer sein Brett wie weit entfernt vor seinem Kopf herumträgt, sondern es geht vielmehr darum, aus der Feststellung der deutschen Schriftstellerin Marie von Ebner-Eschenbach Anregungen zu bekommen, wie man zum Beispiel verfahrenen Situationen kreativ begegnen kann und wie man Entscheidungen auch im Hinblick auf nachgelagerte Schritte optimal vorbereitet.

Wir befinden uns also in einer Entscheidungssituation. Der Schlüssel liegt in dem Wort »Entfernung«. Sie markiert die Grenze des Verstehens.

Bevor man etwa in einem Projekt weit reichende Entscheidungen trifft, kann es hilfreich sein zu erkennen, wo die Grenze des Wissens verläuft. Zieht man sie bewusst, benennt und positioniert also das »Brett vor dem Kopf«, erhält man wertvolle Hinweise für Ansatzpunkte im weiteren Verlauf des Projekts. Konkret kann diese gezogene Grenze darin bestehen, dass man zu einem Entscheidungsmoment, etwa einer Produkteinführung, sich bewusst macht, welche Informationen man über die Zielgruppe hat, auf welche man vielleicht aus Kosten- aber auch Termingründen zunächst bewusst verzichtet. Im weiteren Verlauf des Projekts kann gerade dieses Wissen eine aufwändige Suche nach dem Status und nach der Richtung weiterer Recherchen vermeiden helfen.

»Es gibt drei Arten von Lügen: Lügen, verdammte Lügen und Statistiken.«

Benjamin Disraeli

Über Statistiken kursieren genug abfällige Bemerkungen: So der Winston Churchill zugeschriebene, aber vermutlich nie von ihm gesagte Satz, er glaube nur an Statistiken, die er selber gefälscht habe, oder Franklin Delano Roosevelts Bemerkung, dass er Statistiken etwas skeptisch gegenüberstehe, da laut Statistik ein Millionär und ein Besitzloser jeder eine halbe Million hätten.

In die gleiche Kerbe schlägt der große britische Premierminister des viktorianischen Zeitalters Benjamin Disraeli mit seinem Ausspruch über Statistiken. Sind Statistiken tatsächlich so schlecht? Sind sie fast immer gefälscht? Sind keinerlei hilfreiche Erkenntnisse aus ihnen zu ziehen? Sind sie außerdem Instrumente, um Lügen als wahr erscheinen zu lassen?

Sagen wir es so: Wenn sie einem unaufmerksamen Publikum präsentiert werden, können Statistiken zu wirksamen Waffen der Manipulation werden. Weiß man Statistiken aber aufmerksam zu lesen, zu hinterfragen und zu deuten, werden sie zu hervorragenden Entscheidungs- und Steuerungsinstrumenten.

Hartnäckiges Hinterfragen ist meist schon der halbe Sieg. Denn entscheidend für das Finden der Wahrheit in einer Statistik ist immer das Hinterfragen, das Durchleuchten des Auswertungshintergrunds. Nach welchen Kriterien wurde ausgesucht, welche Grundgesamtheit gibt es? Welche Fragen liegen einer Statistik zugrunde, und wie wurden die Fragen gestellt?

Sei es eine Befragung oder die bloße Auswertung von Zahlenmaterial, spätestens die Ergebnisse von statistischen Erhebungen müssen auf diese Weise gründlich abgeprüft werden. Tut man dies, erzielt man wertvolle Erkenntnisse, findet eventuelle Schwächen im Befragungsaufbau, wendet im Falle des Manipulationsversuchs die Statistik gegen den Manipulator selbst.

»Pläne sind nichts. Planung ist alles.«

DWIGHT D. EISENHOWER

Der Satz ist genial. In wenigen Worten wird nicht nur ein wichtiger Ratschlag gegeben, sondern auch darauf verwiesen, wie verschieden der Inhalt zweier verwandter Wörter sein kann und wie wichtig es ist, diese verschiedenen Inhalte herauszuarbeiten.

Als Urheber dieses Satzes wird meist der amerikanische Präsident Eisenhower genannt, der als Oberbefehlshaber der alliierten Invasionstruppen, die im Zweiten Weltkrieg schließlich Hitlerdeutschland besiegten, berühmt wurde. Vermutlich aber ist der Satz bis auf Generalfeldmarschall Moltke zurückzuführen. Eisenhower selbst bezeichnete die Aussage als eine Militärweisheit, die er früh gelernt habe. Wie dem auch sei, sowohl der große Stratege Moltke als auch Eisenhower eignen sich hervorragend als Absender.

Es geht also um die feine Trennung der Bedeutung zweier Wörter. Für Eisenhower sind Pläne etwas anderes als Planung. Was hat Eisenhower gemeint?

Man kann es so deuten: Pläne sind eine grobe Wegbeschreibung, um einen anzustrebenden Zustand zu erreichen. Sie sind so etwas wie unkonkretisierte Ziele. Die Planung ist hingegen die Ausarbeitung der konkreten Handlungen, die dazu führen sollen, den Plan in die Tat umzusetzen. Auch die Umsetzung selbst und deren Steuerung gehört zum Prozess der Planung.

Ein Beispiel aus Eisenhowers eigener Erfahrungswelt verdeutlicht die Trennung der Begriffe: Um das Ziel zu erreichen, Nazideutschland zu besiegen, fasste man den Plan einer Invasion in Frankreich. Die Planung bestand dann in deren detaillierter Vorbereitung und Durchführung.

Entscheidend ist zweifellos die Planung, aber betrachtet man Pläne als »nichts«, kann man auch nicht mehr von Planung sprechen. Denn die verkommt dann zu Aktionismus, zur Planlosigkeit, weil sie die Zielkoordinaten verliert. Umgekehrt aber, hält man Pläne für ausreichend und meint auf die Planung verzichten zu können, wird man im Umsetzungsprozess in Teufels Küche kommen. Das wollte Eisenhower mit seinen Worten sagen. Es reicht nicht, sich etwas vorzunehmen. Man muss es auch umsetzen – aber dann planvoll.

»Das zu ignorieren, was geschah, bevor du geboren wurdest, heißt immer ein Kind zu bleiben.«

Marcus Tullius Cicero

Es ist wichtig, sich etwas vom Wesen und der Wahrnehmung eines Kindes zu bewahren. Doch zu versuchen, ganz und gar Kind zu bleiben, ist ein Rat, den man niemandem geben wird.

Zweifelsohne muss man aufpassen, die Bedeutung der Worte des berühmten römischen Politikers, Schriftstellers und Redners Marcus Tullius Cicero nicht in die falsche Richtung zu lenken. Der eine oder andere mag über Ciceros Bemerkung sogar schon die Stirn in Falten gelegt haben. Daher ist zunächst einmal klarzustellen, dass das Ignorieren dessen, was vor der eigenen Zeit war, nicht die spezifische Haltung eines Kindes ist. Aber, und das ist der Schluss aus Ciceros Worten, man entwickelt sich auch nicht weiter. Im Gegenteil, wertvolle Erkenntnisse werden verschenkt, ignoriert man Erfahrungen, die Menschen in der Vergangenheit gemacht haben.

Ist das nun ein Plädoyer, fleißig Geschichte zu büffeln? Nein. Ciceros Worte sind auch nicht so auszulegen, dass man erst erwachsen ist, wenn man die Geschichte kennt. Aber wer die Geschichte ignoriert, entwickelt sich nicht weiter. Man lernt nicht, Zusammenhänge, Gewachsenes zu begreifen. Und so geht es in diesen Worten und der aus ihnen zu ziehenden Erkenntnis eher und vor allem darum, sich mit bereits bestehenden und gewesenen Zusammenhängen auseinander zu setzen. Dies gilt nicht nur für Entwicklungs- und Wachstumsprozesse eines Menschen oder eines Unternehmens. Es gilt auch für Kreativitätsprozesse. Denn neue Ideen findet man manchmal rascher, wenn man die alten kennt.

Ignoriert man also Gewesenes, bleibt man möglicherweise Kind und wundert sich über jede Entdeckung, jede Erscheinung neu. Das mag auf den ersten Blick schön für die Seele sein. Doch im Berufsleben ist es fatal, wenn man sich immer wieder neu wundert und bestimmte Ereignisse wahrnimmt, als geschehen sie zum ersten Mal.

»Ich bin ein empfindsamer Drehbuchautor, Schauspieler und Regisseur. Wenn Sie mit mir Geschäfte machen wollen, rufen Sie meinen widerwärtigen persönlichen Manager an.«

Sylvester Stallone

Was kann man aus diesen Worten lernen? Arbeitsteilung.

Diese Aussage hat natürlich ihre besondere Pointe, da sie von dem Mann stammt, der vor allem mit seiner Rolle des Rambo erreichte, dass dieser Name weltweit von Menschen jedem gegeben wird, den man für eine gefühllose Kampfmaschine hält.

Doch die Worte von Sylvester Stallone verweisen auf eine wichtige Art des beruflichen Vorgehens. Sie verweisen auf die Vorteile, die daraus erwachsen, wenn Aufgaben so delegiert werden, dass sie von denen gelöst werden, die dazu das größte Talent und die besten Fähigkeiten haben.

Niemand, sei er noch so vielseitig, kann alles. Und so ist es eine wichtige Aufgabe im Leben herauszufinden, was man alles nicht kann. Nicht selten ist das im Übrigen deckungsgleich mit dem, was man nicht machen möchte. Letztendlich ist es entscheidend, dass man sich aufgrund dieses Wissens schließlich voll und ganz auf das konzentriert, was man kann.

Nichtsdestotrotz fallen für jeden zahlreiche anspruchsvolle Aufgaben an, die gelöst werden müssen. Doch diese sind, betreibt man erfolgreiches Selbstmanagement, zu delegieren – und nicht an irgendwen, sondern an Menschen, die genau die Lösung dieser Aufgaben beherrschen. Mit dem »widerwärtigen persönlichen Manager« spricht Stallone nicht zuletzt einen für seinen Erfolg immens wichtigen Mann an. Von ihm kann und muss er erwarten, dass er für ihn die besten Projekte zu den bestmöglichen Konditionen beschafft. Dann kann Stallone sich in Ruhe dem konzentriert und ungestört widmen, was er kann: Drehbücher verfassen, Rollen spielen und Regie führen.

»Das, was du bist, steht über dir und donnert, sodass ich nicht hören kann, was du sagst, um es zu widerlegen.«

RALPH WALDO EMERSON

Wenn das Wort und die Handlung in krassem Missverhältnis zueinander stehen, zerfällt das Bild, das der Mensch für andere abgibt. Im Grunde geht es in den Worten des amerikanischen Dichters Ralph Waldo Emerson um das immer wiederkehrende Phänomen der Diskrepanz zwischen Tun und Reden eines Menschen oder einer Institution.

Man könnte natürlich an dieser Stelle diskutieren, wie schlimm es ist, wenn so etwas geschieht, und dass dergleichen nicht sein darf. Doch einen besonderen Gewinn brächte das keinem. Vielmehr ist es interessant, die Worte Emersons nicht als Anklage zu deuten, sondern als pure und vor allem neutrale Feststellung. Emersons Satz lädt dazu ein, darüber nachzudenken, dass es zweierlei ist, die Folgen und Auswirkungen von Handlungen zu korrigieren und sie zu erklären.

So kann der bestgeschulte Telefonkundendienst den Schaden, der einem Unternehmen langfristig aufgrund mangelhafter Produkte entsteht, nicht abwenden. Wenn eine Dienstleistung nicht stimmt oder ein Produkt fehlerhaft ist, dann entsteht ein Bild des Unternehmens, das den Worten des amerikanischen Dichters Emerson entspricht: »... was du bist, steht über dir und donnert ...«. Wenn nicht Abhilfe geschaffen wird, hilft auch der beste Erklärungsversuch nicht.

Dummerweise gibt es in Unternehmen gerade bei erklärungsbedürftigen Produkten eine Tendenz, sich in Pseudoerklärungen und Pseudokundenführung zu verstricken. Anstatt sich Mühe zu geben, ein Produkt selbsterklärend zu gestalten, wird es immer beliebter, umfangreiche Gebrauchsanweisungen ins Internet zu stellen. Dort kann sie der Kunde als riesige Datei herunterladen, die dann ausgedruckt oft über 100 Seiten ausmacht. Es bringt mehr und führt zu weniger »Donner«, wenn mehr Mühe darauf verwandt wird, ein Produkt zu schaffen, sei es eine Software oder eine Spülmaschine, das auch läuft, ohne dass man eine Gebrauchsanweisung durcharbeiten muss.

»Wer nicht sucht, wird bald nicht mehr gesucht.«

JEAN PAUL

Diese Worte weisen darauf hin, dass es wichtig ist, immer interessiert und neugierig zu bleiben. Nicht etwa nur, weil es entscheidend für die Selbstbehauptung und das Vorankommen im Beruf ist. Es betrifft ebenso das Privatleben wie den gesamten Lebensweg.

Sicher kann man die Aussage des deutschen Schriftstellers Jean Paul nicht verallgemeinern. Oder sagen wir es anders, es wäre nicht gut, würde man in allen Lebensbereichen und unter allen Gesichtspunkten nie aufhören zu suchen. Doch im Berufsleben sollte man, auch wenn man mit dem Status quo zufrieden ist, immer eine Einstellung bewahren, die den Blick für neue Chancen offen hält, einen Blick einnehmen, der neue Herausforderungen erkennt. Dabei sollte man vor allem darauf achten, was einen weiterführen kann, was dazu angetan ist, die eigene Entwicklung weiterzubringen. Suchen heißt also die Augen aufzuhalten, Kontakte zu pflegen, Gelegenheiten erkennen, aktiv zur Entwicklung neuer und guter Chancen für sich beizutragen.

Und was kann man aus den Worten Jean Pauls entnehmen, dass man nicht mehr gesucht wird, wenn man nicht sucht? Vermutlich ist damit gemeint, dass man nicht erwarten kann, entdeckt zu werden. Vielmehr ist es besser, eine Haltung einzunehmen, die einen selbst offen für Neues bleiben lässt, anderen aber auch ebendies signalisiert. Denn Verharren bedeutet Stagnation.

»Wer anfängt ein Klischee zu leben, hat verloren.«

Bruce Springsteen

Hier geht es nicht um Image. Was hier angesprochen wird, ist der Versuch, ein Image zu kreieren, und zwar mit Bauteilen aus einem faden Baukasten. Denn ist nicht ein Klischee etwas Langweiliges, etwas, dem das Besondere fehlt? Das Wort »Klischee« bezeichnete in der Fachsprache der Drucker eine Druckplatte. Zu den deutschen Druckern hat das »Klischee« aus dem Französischen gefunden. Man hat es aber nicht nur ins Deutsche übernommen, auch in Amerika kennt man das »cliché«, und so ist es auch dem berühmten amerikanischen Rockmusiker Bruce Springsteen nicht unbekannt.

Es gibt vermutlich wenige Menschen, die ähnlich prädestiniert sind wie er, den hier erwähnten Satz zu sagen. Er, der in der Mitte der 1970er-Jahre berühmt wurde und den man am Ende jenes Jahrzehnts längst als Superstar feierte, war besonders in Gefahr, in ein Klischee gepresst zu werden. Populär wurde Springsteen nicht nur durch seine geradlinige zupackende Rockmusik, sondern auch als Person. Er verkörpert in seinen Liedern und Konzerten mit überwältigendem Charisma den seiner Heimat verbundenen Arbeitersohn, der alle Facetten des Lebens aufsog. Anders als Elvis Presley, der als Vorreiter, als »Erster« des Rock'n Roll ein Image aus dem Nichts erhielt und schuf, ist Springsteen als Star einer späteren Generation Vergleichen und Blaupausen ausgesetzt, aber – und das lässt sich in den Worten Springsteens wiederfinden – nicht ausgeliefert. Sein Satz zeigt, dass er sich dem Klischee, in das man ihn zu pressen drohte, entgegenstellte.

Auf ein Klischee festgelegt zu werden, ist nicht nur eine Gefahr, der ein Star wie Bruce Springsteen ausgesetzt ist. Klischees lauern überall und können sich an jeden heften. Schon eine Berufsbezeichnung oder die Nennung eines Arbeitsbereichs, in dem jemand tätig ist, lässt bei dem einen oder anderen dessen Vorurteile aufleben. Wenn man nun beginnt, und das ist die Essenz von Springsteens Worten, dieses Klischee zu bedienen, etwa weil man sich Erfolg davon erhofft oder weil man zu bequem ist dagegen anzukämpfen, gerät man auf einen falschen Pfad. Denn dann müssen auch die mit dem Klischee verbundenen Erwartungen erfüllt werden. Dies aber ist immer der Anfang von dem Verlust der eigenen Identität. Niemand passt letztlich voll und ganz in ein Klischee.

»Das, was jemand von sich selbst denkt, bestimmt sein Schicksal.«

HENRY DAVID THOREAU

So, wie sich der Mensch im Laufe des Lebens immer wieder Meinungen über andere Menschen bildet, so bildet er sich auch eine Meinung über sich selbst. Ob er will oder nicht, die Erfahrungen, die er mit sich macht, ersparen es ihm einfach nicht, immer wieder eine Selbsteinschätzung vorzunehmen, und wenn es nur unbewusst ist.

Aufmerksame Menschen tun es bewusst. Sie denken über ihre guten und über ihre schlechten Handlungen nach, ziehen Schlüsse und versuchen für die Zukunft zu lernen.

So, wie man sich selber einschätzt, welche Stärken und Schwächen man an sich kennen lernt, hat massive Auswirkungen auf das, was man entscheidet, was man tut und wie man es tut.

Welcher Gewinn ist aus der Feststellung des amerikanischen Schriftstellers Henry David Thoreau zu ziehen? Zuallererst: man sollte seine eigenen Stärken finden und fördern. Denn jemand, der wenig von sich hält, der sich nichts zutraut, wird kaum Erfolg haben. Stärken sind zuweilen nicht sofort als solche eindeutig zu identifizieren. Mancher macht den Fehler, sich auf der Suche nach seinen Stärken zu schnell konkret zu befragen, im Sinne von: »Was kann ich?« Nur so viel dazu: Was man kann, ist zuallererst einmal Handwerk, etwas Erlerntes. Es muss aber nicht unbedingt eine Stärke sein. Fündig wird man oft eher, wenn man sich fragt, was einen interessiert, was man mag. Geht man dem nach, entdeckt man oft ungeahnte Fähigkeiten.

Warum ist dieses Wissen um die eigenen Stärken so wichtig? Weil es zur positiven Selbsteinschätzung beiträgt. Denn was einer von sich denkt, wird auch von anderen wahrgenommen.

»Wer nicht weiß,
woher er kommt und wohin er geht,
kann Informationen nicht selektieren.«

NEIL POSTMAN

Diese Worte des amerikanischen Medienkritikers Neil Postman mahnen zu vielem. Vor allem mahnen sie dazu, Informationsbeschaffung, -selektion, -analyse und -bewertung immer vor dem Hintergrund der zuvor definierten Ziele zu betreiben und dabei das bereits vorhandene Wissen, aber auch Lücken zu berücksichtigen.

Was heißt es aber, wenn Neil Postman das »Selektieren« von Informationen anspricht? Es führt letztlich zu der Frage, was Informationen tatsächlich sind. Informationen sind Daten, die wichtig für bestimmte Zwecke und Ziele sind. Ist das nicht der Fall, bleiben Daten nur Daten. So banal das zunächst klingt, so immens wichtig ist diese Unterscheidung. Denn so bekommt etwa die Aussage »Ihnen stehen Informationen zur Verfügung« eine völlig neue Bedeutung. Stehen tatsächlich Informationen bereit oder nur eine unüberschaubare und nicht geordnete Menge an Daten? Oft genug werden reine Daten ungefiltert, unbewertet verschoben. Der Bequemlichkeit halber werden sie unverdientermaßen Informationen genannt.

Informationen oder Daten? Ist das Auseinanderhalten der beiden Begriffe nur Wortfechterei, die im Managementalltag zu nichts führt? Keineswegs. Informationen und Daten auseinander zu halten ist entscheidend für ein effektives Vorgehen, auch bei der Selektion. Nehmen wir das Beispiel von Kundendaten, die jedes Unternehmen in irgendeiner Form besitzt. Hieran lässt sich nicht nur gut darstellen, was in den Worten Neil Postmans steckt, dass Daten meist dann erst zu Informationen werden, wenn sie zielgerichtet ausgewertet werden. Denn Kundendaten werden oft genug mit Kundeninformationen gleichgesetzt. Da man meint, sie zu kennen, da man sich selten die Mühe macht mit ihnen strukturiert zu arbeiten, werden tatsächliche Informationen verschenkt, Potenziale aber ebenso.

So fehlt es oft nicht nur an der permanenten Pflege, sondern vor allem an der ständig fließenden Auswertung von Informationen, die über die Kundendaten zu gewinnen sind: Veränderungen in der demografischen oder geografischen Struktur der Kunden werden nicht verfolgt, man wertet nicht aus, wo eventuelle Potenziale in Teilzielgruppen brach liegen. Warum das so ist? Das beantworten auf bestimmte Weise erneut Postmans Worte: »Man weiß nicht, woher man kommt«, sprich: vergisst Fehler der Vergangenheit, und »weiß nicht, wohin man geht«, hat also überhaupt keine Zielstruktur im Umgang mit den Daten.

»Es ist immer einfacher für die eigenen Prinzipien zu kämpfen, als nach ihnen zu leben.«

ALFRED ADLER

Der österreichische Psychoanalytiker Alfred Adler hat Recht. Aber warum und welchen Gewinn kann man aus der ernüchternden Feststellung ziehen?

Für die eigenen Prinzipien zu kämpfen heißt zunächst einmal, sich nach außen zu behaupten. Nach den eigenen Prinzipien zu leben bedeutet dagegen Selbstdisziplin zu üben, den Kampf mit sich selbst aufzunehmen. Dass dieser Kampf besonders schwierig ist, liegt vor allem daran, dass man mehrere Rollen gleichzeitig spielen muss, ja, in sich selbst alle Parteien dieses Kampfes zu spielen hat. Man ist der Beobachtete, der Wächter und der Richter in einer Person.

Es lohnt sich beispielsweise, die Frage zu stellen, ob man etwa tatsächlich konsequent die Verhaltensweisen vorlebt, die man von anderen fordert. Wenn nicht, behindert man selbst den eigenen Kampf um deren Durchsetzung. Nun kann man einräumen, dass kein Mensch perfekt ist und dass man jedem Menschen, auch dem, der für Prinzipien eintritt, dies zugestehen muss. Das ist auch richtig und wichtig. Es ist allerdings ein Unterschied, ob jemand, der nicht in entsprechender Verantwortung steht, diese Diskrepanz erkennen lässt oder ob es jemand ist, der eine Führungsposition einnimmt. Denn dieser hat, ob er will oder nicht, Vorbildfunktion. Insofern ist die Lehre aus Alfred Adlers Feststellung, dass man darauf zu achten hat, durch das eigene Agieren nicht gegen die Prinzipien zu handeln, für die man kämpft. Ist das der Fall, wird das, wofür man kämpft und eintritt, infrage gestellt.

»Diejenigen, die einen Krieg gewinnen können, können selten einen guten Frieden schaffen und diejenigen, die einen guten Frieden schaffen können, hätten niemals den Krieg gewonnen.«

WINSTON CHURCHILL

Unterschiedliche Aufgaben erfordern unterschiedliche Charaktere. Das ist nicht nur in der Politik so, im beruflichen Alltag finden sich überall Beispiele. Man nehme nur die für manch einen vermeintlich so homogene Position eines Geschäftsführers. Je nach Situation eines Unternehmens benötigt man völlig verschiedene Typen von Führungspersönlichkeiten.

Mal ist der Ideengeber gefragt, der neue Wege aufzeigt, der auch Tradiertes infrage stellt, woanders ist ein Macher erforderlich, der umsetzt und durchsetzt. Eine andere Situation erfordert womöglich den Sanierer, der harte Schritte einleitet, schmerzliche Schnitte machen muss, um vielleicht wenigstens etwas des Ganzen zu retten. Dieses so genannte »Ganze« ist ein gutes Stichwort.

Denn obwohl der britische Staatsmann Winston Churchill mit seinen Worten über die verschiedenen Fähigkeiten, Talente, Charaktere, vor allem aber auch Haltungen sprach, derer es bedarf, ein Land in verschiedenen Situationen gut zu führen, sind die Anforderungen und Rahmenbedingungen bei der Führung von Unternehmen, aber auch beim Management von Projekten letztlich nicht anders.

Churchills Aussage kann nicht nur auf verschiedene Situationen übertragen werden, sondern auch auf verschiedene Aufgabenbereiche in einem Unternehmen. Denn ein Experte für Controlling und ein Experte für Marketing haben in der Regel allein aufgrund der Anforderungen ihres Metiers eine sehr unterschiedliche Sichtweise. Und es ist nun mal so: Dafür, dass das Unternehmen finanziell gesund bleibt, braucht man den einen, damit es Kunden gewinnt und behält, dafür braucht man den Blick des anderen. Auf keinen der beiden Blickwinkel kann man verzichten.

»Ich erfand mein Leben,
indem ich es für selbstverständlich hielt,
dass es für alles, was ich nicht mochte,
ein Gegenteil gäbe, das ich mögen würde.«

Coco Chanel

Eine motivierende, eine sehr motivierende Aussage. So wie es zu jeder These eine Antithese gibt, so mag man die Worte der legendären französischen Modeschöpferin Coco Chanel auslegen, gibt es zu allem, was man als schlecht betrachtet, ein Äquivalent, das gut ist. Dass Coco Chanel sich diese Erkenntnis zur Haltung machte, ist sicher ein Kernbestandteil ihres phänomenalen Erfolgs. Ihre Worte erhalten zudem weiteres Gewicht, wenn man sich vor Augen führt, dass gerade ihre Startposition ins Leben denkbar schlecht war. Sie war in Armut und ohne Eltern aufgewachsen und hatte eine trostlose Kindheit in Waisenhäusern hinter sich.

Was an Coco Chanels Aussage so ermutigt, sind die Vision und das Motivierende, das sie vor allem für dunkle Situationen bereithält, für die Momente, in denen alles grau und trist erscheint, man nur das Negative sieht. Die Worte bringen den jahrtausendealten philosophischen Gedanken, dass jede Erscheinung ihre gegenteilige Entsprechung hat, in Bezug zu einer praktischen Anwendung im Alltag: Von allem, was man nicht mag, was einen belastet, muss es ein Gegenteil geben. Das muss man suchen und erkennen. Die Einstellung, zu der Coco Chanel indirekt auffordert, ist die, eine zupackende Haltung einzunehmen. Es gilt, sich von dem, was man ablehnt, was man nicht gewillt ist zu dulden, nicht dauerhaft beeinträchtigen zu lassen. Immer das eigene Ziel vor Augen soll man versuchen, die gewünschte Situation herbeizuführen. Coco Chanels Worte sind letztlich nichts anderes als die Aufforderung, sein Glück selbst in die Hand zu nehmen. Sie hat es getan.

»Wenn du auf Nummer sicher gehst, wirst du nie weiterkommen.«

MILES DAVIS

Dies ist kein Aufruf an Unternehmer, mit den Erlösen eines Quartals zu versuchen, einen neuen Geschäftszweig namens »Wetten bei Windhundrennen« aufzubauen.

Was der berühmte amerikanische Jazzmusiker Miles Davis meinte, ist das, was er selbst während seiner Laufbahn beherzigte: Nur wer versucht, das Beste zu erreichen, und dabei auch riskiert, Fehler zu machen, anzuecken und auf Unverständnis zu stoßen, kommt weiter. Vielleicht gelangt man nur mit einer solchen Haltung an ein Ziel, das weiter entfernt ist, das höher ist als andere Ziele. Geht man dagegen auf Nummer sicher, arbeitet mit dem Hintergedanken, auf keinen Fall einen Fehler zu machen, mag man im besten Falle zwar solide Arbeit abliefern, aber man erreicht auch bald den Punkt, von dem aus es keine Weiterentwicklung mehr gibt.

Für die eigene Karriereplanung heißt das immer wieder zu versuchen, neue Wege zu gehen, was im Übrigen keineswegs eine Aufforderung ist, ständig die Stelle zu wechseln. Es geht vielmehr darum, immer wieder neue Ideen auszuprobieren, etwa in der Art und Weise, wie man Projekte angeht. Miles Davis kam zu seinen bahnbrechenden musikalischen Ergebnissen genau auf diese Art: Er spielte Töne, Partituren, Harmonien anders, und – mindestens genauso wichtig – er verfolgte diese Wege konsequent weiter. Wichtig ist auch der Hinweis, dass er, der als Musiker von seinem Publikum abhängig war, sich von negativer Resonanz nicht entmutigen ließ, manche Kritik ihn sogar in seinem gewählten Weg bestätigte.

Auf die Planung und Strategie in Unternehmen und in Projekten ist ein Vorgehen wie das von Miles Davis ebenso anzuwenden. Wichtig ist dabei, hier wie dort, die Abwägung des Risikos. Ebenso, dass dem Risiko ein Raum geboten wird und man somit auch Fehler und Rückschläge toleriert oder das, was man oft leichtfertig so nennt. Denn mancher so genannte Fehler ist eine Erfahrung, die weiterhilft auf dem Weg zur Perfektion. Diese Unwägbarkeiten riskierte Miles Davis und kam zu neuen stilistischen Entdeckungen. Mut zum Fehlschlag muss man selbst, muss ein Unternehmen bewusst aufbringen, um tatsächlich richtig gut zu werden.

»Was einen einmal verblüfft hat, taugt selten dazu, es ein zweites Mal zu tun.«

Douglas Adams

Der britische Schriftsteller erwähnte diesen Satz, nachdem er erläutert hatte, dass ihn ein immenser Schaffensdrang ergriff, wenn er in eine überraschende Situation geriet. Insofern ist Überraschung auch eine Vitaminpille für Kreativität.

Doch hier soll es nicht um eine neue Kreativitäts- oder Motivationstechnik gehen. Vor dem Hintergrund, in welch vielfältiger Art und in welchen Situationen die Verblüffung des anderen genutzt wird, ist es eher interessant, das Phänomen als Instrument zu betrachten.

Verblüffung oder Überraschung bei einem anderen hervorzurufen ist ein Instrument in Konflikten und Auseinandersetzungen, aber diese Taktik wird auch eingesetzt, um jemandes Aufmerksamkeit zu gewinnen und zu behalten.

Im Konflikt heißt »verblüffen wollen«, das Unerwartete zu tun, etwas zu inszenieren mit dem Ziel, den anderen zu bewegen, etwas Falsches zu tun oder zumindest die gewollte Reaktion zu zeigen. Der Bluff im Pokerspiel ist nicht nur wortverwandt, er bedient sich dieses Prinzips.

Geht es darum, die Aufmerksamkeit von Kunden zu gewinnen, ist Verblüffung ein hervorragendes Hilfsmittel. Doch in allen Fällen, in denen auf die Wirkung des Erstaunens gesetzt wird, gilt: Es auf die gleiche Weise noch mal zu nutzen ist nicht möglich. Stellt man etwa für seinen Kunden ein bestimmtes Angebot zusammen und erstaunt ihn beispielsweise durch die Preisgestaltung, ist das nächste Angebot für den Kunden nur dann überraschend, wenn entweder die Preise noch extremer gestaltet sind oder das Angebot eine zusätzliche Idee, eben etwas Verblüffendes transportiert.

»Du verblüffst mich immer wieder.« Dieser Satz drückt eine erneute Überraschung aus. Aber er drückt wohlgemerkt eine Überraschung aus, er beschreibt nicht die Reaktion auf eine Wiederholung.

»Wenn du dabei bist, Müll zu produzieren, sei darin der beste Müll.«

RICHARD BURTON

Vielleicht ist das eines der wichtigsten ungeschriebenen Gesetze für Schauspieler: Wenn du merkst, dass du bei einem Theater- oder Filmprojekt mitmachst, das zur Katastrophe zu werden droht, versuche trotzdem zu leuchten! Es ist fast, als leite sich das Wort des Stars daraus ab: der Stern leuchtet, mag das All um ihn herum noch so dunkel sein.

Aber gilt diese Maxime nur für Schauspieler? Mitnichten. Die Aussage des berühmten britischen Schauspielers Richard Burton ist im Grunde als Maxime für jeden Beruf gültig.

Man könnte nun sagen, eigentlich sei der Satz nichts anderes als eine Variante von »Wenn du etwas tust, dann tu dein Bestes«. Das ist zwar nicht ganz falsch, aber auch nicht ganz richtig. Denn bei Richard Burtons Feststellung geht es um die unerschütterliche Haltung in einer Situation, in der das meiste schief läuft. Es ist kein Zufall, dass ein Schauspieler solch einen Ratschlag gibt. Denn Menschen, die diesen Beruf ausüben, sind besonders abhängig von ihrer persönlichen Wirkung auf andere. Doch gerade die Könner dieses Fachs verstehen es, selbst unter schlechtesten Bedingungen nicht unterzugehen, nicht lächerlich zu wirken. Der Grund findet sich weniger in ihrem Talent und ihrem Können, sondern vor allem in der höchst professionellen Einstellung zu dem, was sie tun.

Blickt man nun auf Projektarbeiten oder auf den Alltag in einem Unternehmen, erkennt man unschwer, dass die Aufforderung Richard Burtons auch hier zum Tragen kommt. Für den persönlichen Erfolg und die Eigenmotivation ist es absolut wichtig zu versuchen, das Beste zu geben, egal wie schlecht das Umfeld und die Bedingungen sind, egal wie entmutigt womöglich die Kollegen sind.

***»Ohne Musik kein Träumen.
Ohne Träumen kein Mut.
Ohne Mut kein Machen.«***

Wim Wenders

Das Wort Musik steht hier für sehr viel mehr als nur für die Musik selbst. Es steht für die Freiheit im eigenen Geist. Es steht für die Fähigkeit und die Möglichkeit, sich vollkommen fallen zu lassen und darüber zu sich selbst finden zu können. Gemeint ist damit, zumindest für Momente in Gedanken eins mit der Welt zu sein. Die Wege ins eigene Zentrum sind individuell. Der deutsche Filmregisseur Wim Wenders findet immer wieder zu seinem Zentrum über die Musik und über die durch sie zu erkennenden Träume.

Gemeint sind nicht die Träume der Nacht, nicht die ordnenden Träume eines Schlafes, also keineswegs verarbeitende Reflexe auf Eindrücke. Es sind Visionen, die Wege aufzeigen, die zu konkreten Zielen werden können, aber es können auch Lösungswege sein. Insofern sind es Mut machende Gedanken, die zum Umsetzen ermutigen, zum Machen.

Was an der Assoziationskette von Wim Wenders so wichtig, so bemerkenswert ist, ist ihr Beginn. Denn dieser verweist auf den idealen Ursprung des Machens. Und dieser liegt im Zentrum des eigenen Ichs – und nicht in dem Willen eines anderen. Der Ursprung des kreativen Willens liegt oft in Träumen, und die entstehen aus den Tiefen des Ichs. In Momenten der inneren Ruhe, der Ausgeglichenheit, sieht man oft seine Träume klar vor sich und dann fasst man oft den Mut, Dinge anzupacken. Für Wim Wenders ist es die Musik, die am Anfang steht und ihn über Träume zum Mut und dann zum Machen führt. Es ist an jedem, selbst herauszufinden, was sein Anfang dieser Kette ist.

»Diejenigen, die etwas erschaffen, sind selten; diejenigen, die es nicht können, sind zahlreich. Daher sind Letztere stärker.«

Coco Chanel

Mit denen, die etwas erschaffen, sind hier sicher nicht nur die gemeint, denen man schon per Bezeichnung diese Fähigkeiten gibt.

Also nicht nur Macher, Unternehmer, Kreative? Coco Chanel hat mit ihren Worten sicher nicht nur an sie gedacht. Denn im Grunde geht es um alle Menschen.

Coco Chanels Aussage zielt vor allem auf das Zusammenspiel, aber auch Gegeneinander von Menschen, die ihre

Ideen umgesetzt wissen wollen, und denen, die zumindest für die bestimmte zu verhandelnde Idee nicht das Können haben. Welche Mechanismen greifen dann?

Derjenige, der etwas nicht kann, ist meist skeptisch. Er betrachtet die Sache, die er nicht kann, und den Menschen, der sie beherrscht, mit Argwohn. Es ist eine natürliche Reaktion, geboren aus einem Gefühl des Ausgeschlossenseins. Sei es, dass man einem Entwickler, einem Techniker, einem Kreativen, einem Programmierer gegenüber sitzt, man möchte vielleicht auch zu denen gehören, die die Sache beherrschen, zumindest aber will man nicht ausgeschlossen sein, ein wenig zumindest wissen von dem Geheimnis, das sie zu kennen scheinen.

Derjenige, der etwas beherrscht, was andere nicht können, ist, ob erfolgreich oder nicht, ein Außenseiter. Die meisten Wissensgebiete sind mittlerweile so speziell, dass diejenigen, die zu einem Thema Essenzielles wissen, immer in der Minderheit sind. Denn gibt es in einem Unternehmen eine Mehrheit, die weiß, was es mit Marketing, mit Organisation, mit Vertrieb, mit Controlling, mit Produktionsabläufen auf sich hat?

Sich dies immer mal wieder vor Augen zu führen, bedeutet letztlich, seine Kommunikation darauf abzustellen. Wenn man beispielsweise die Mehrheit nicht informiert, sie in fachspezifischen Vorgehensweisen des eigenen Metiers nicht an die Hand nimmt, wird man Schwierigkeiten mit ihr haben.

»Neue Ansichten werden immer beargwöhnt und üblicherweise grundlos abgelehnt, nur weil sie noch nicht Gemeingut sind.«

JOHN LOCKE

Neuen Ansichten wohnt das Problem inne, dass sie oft noch nicht den Beweis erbracht haben, dass sie richtig sind. Das, was hier der bedeutende englische Philosoph John Locke anspricht, ist ein besonderes Manko, das eben jenen neuen Ansichten meist anhaftet: Es ist die noch nicht gewonnene Zustimmung oder zumindest die bislang ausgebliebene Akzeptanz durch die Mehrheit. Die Mehrheit ist nicht nur die Hüterin des Gemeingutes, sie ist vor allem meist die Inhaberin der Macht.

Insofern entspringt der Argwohn, der einer neuen Ansicht entgegengebracht wird, meist nicht nur dem Blick auf die Überzeugung selbst, sondern auch auf die herrschenden Machtverhältnisse. So wird manche neue Ansicht in einer Abstimmung von vielen nicht selten vor allem deshalb abgelehnt, weil sie Nachteile fürchten und weil Neues oft mit Veränderungen einhergeht.

Doch die Selbstbehauptungsstrategien finden ihren Niederschlag nicht nur in diesen schon auf den ersten Blick zu erkennenden Verhaltensweisen, sie sind auch in typischem Gruppenverhalten in allen Gesellschaften, Kreisen und Milieus zu finden. Kaum ein Mensch ist von diesem Verhalten auszunehmen. Der Grund dafür ist einfach: Jeder will zu irgendjemandem gehören. Der Wunsch, zu einer Gruppe zu gehören, verleitet oft unbewusst dazu, Dinge, die die betreffende Gruppe einen, zu übernehmen. Das kann der Schüler sein, der beginnt den gleichen Sport auszuüben wie sein Freund. Das setzt sich fort bei dem Manager, der irgendwann beginnt, Golf zu spielen, weil er hofft, ein Umfeld vorzufinden, das ihm und seinen Vorstellungen entgegenkommt. Er hofft, Gleicher unter Gleichen zu sein. Die vermeintlich gleichen Interessen vermitteln Zugehörigkeitsgefühl.

Ähnliche Mechanismen wirken bei der Wahl des Autos, bei der Wahl der Kleidung und so weiter und so fort. Man will, oft unbewusst, Gemeingut bedienen. Das gilt im Übrigen auch für den selbsternannten Individualisten oder Außenseiter. Er bedient nur ein anderes Gemeingut.

Und was ist daraus neue Ansichten betreffend zu schließen? Neue Ansichten erschüttern nicht selten das Gemeingut. Sie stellen nicht nur Gewohntes infrage, sondern auch einen Konsens, den man zuweilen lange und mühsam gefunden hat.

Insofern sind abwehrende Reaktionen verständlich. Wer also neue Ansichten vorbringt und sie durchsetzen will, muss wissen, dass er dicke Bretter zu bohren hat.

»Messe nie die Höhe eines Berges,
bevor du dessen Spitze erreicht hast.
Du wirst dann sehen, wie niedrig er war.«

DAG HAMMARSKJÖLD

Wie oft traut man sich nicht, eine Aufgabe, eine Herausforderung anzunehmen, weil man bereits zu wissen meint, wie viel Kraft man brauchen und welchen Schwierigkeiten man ausgesetzt sein wird?

Der Gewinn, der aus den Worten des einstigen UNO-Generalsekretärs, des Schweden Dag Hammarskjöld, zu ziehen ist, ist Hinweis und Ermutigung zu einer bestimmten Haltung gegenüber Zielen oder Aufgaben. Hier geht es um das Abwägen der Chancen und Risiken, der Vor- und der Nachteile, wenn man ein bestimmtes Ziel und den Weg dahin ins Auge fasst.

Das Ziel, an dem hier Maß genommen wird, muss nicht unbedingt ein Ziel sein, das man freiwillig gewählt hat. Es kann auch eines sein, das einem vorgegeben wurde. Ob nun freiwillig oder nicht, in beiden Fällen ist die oben beschriebene Aufforderung von großem Nutzen. Geht es um das Erreichen eines selbst gewählten Ziels, sind Hammarskjölds Worte der Zuruf, sich von zwischenzeitlichen Krisen und Widerständen auf dem Weg dahin nicht entmutigen zu lassen. Sie fordern auch dazu auf, trotz aller Schwierigkeiten, vielleicht sogar in Momenten größter Verzagtheit, die Möglichkeit ins Auge zu fassen, dass die Entfernung zum Ziel letzten Endes doch nicht so weit ist. Das gilt auch für die Wege, die man ungewollt beschreiten muss. Dag Hammarskjölds Worte sind aber nicht nur Ermutigung im Hinblick auf die Länge eines Weges, sondern auch auf dessen Beschaffenheit. Denn manche erwartete Schwierigkeit, manche Sorge, die schon deshalb oft aufkommt, weil man alle Möglichkeiten durchspielen muss, bestätigt sich im Endeffekt nicht und so ist der Berg oft niedriger, als man denkt.

»Jeder hat Talent, wenn er 25 ist. Schwierig ist es, dieses mit 50 zu haben.«

EDGAR DEGAS

Talent ist ein Versprechen, das der einzulösen hat, dem es gegeben ist. Ist man jung, birgt ein Talent etwas Beruhigendes, etwas Hoffnungsvolles. Denn ein Talent ist ein Quell ständiger neuer Entdeckungen von Fähigkeiten, Möglichkeiten und Wegen.

Der junge Mensch nutzt, so will es das Leben, seine Talente tendenziell mutiger, weniger zögernd. Der ältere, erfahrene Mensch weiß um Rückschläge, um übliche Widerstände, ahnt eigene Grenzen. Er prüft, hinterfragt schnell sein Talent, zweifelt womöglich schneller. Deshalb ist es, wie der französische Maler Edgar Degas feststellte, sehr viel schwieriger, Talent »mit 50 zu haben« als in jungen Jahren.

Gerade ein Mensch mit besonderen Fähigkeiten muss in mancher Hinsicht Rückschläge hinnehmen. Warum? Weil ein Talent, also die Gabe, eine Sache vergleichsweise schnell zu beherrschen, dazu ermutigt, neue Wege zu gehen, andere Dinge auszuprobieren. Doch gerade das weckt Widerstand. Der Widerstand kann in der Sache selbst liegen, erwächst auch oft durch andere Menschen, die in ihren alten Wegen und Gewohnheiten gestört werden.

Wenn solcherlei Rückschläge hingenommen werden müssen, sind diese weniger Prüfungen für das Talent des Betreffenden, sondern eher Herausforderungen an den Menschen selbst. Rückschläge müssen weggesteckt und überwunden werden.

Eine besondere Leistung ist es, dennoch immer wieder den Mut zu fassen, das eigene Talent herauszufordern und zu überprüfen. Das ist die Essenz von Edgar Degas' Worten. Es ist ein Aufruf, die eigenen Talente zu pflegen, nie aufzugeben, immer wieder zu ihnen zurückzukehren, egal wie alt man ist.

»Ein Anführer muss den Mut besitzen, gegen den Rat eines Experten zu handeln.«

James Callaghan

Wenn man nicht auf sie hört, wozu sind dann Experten da? Darauf die Gegenfrage: Wenn Führungskräfte nur auf Experten hören, wozu braucht man dann Führungskräfte?

Die Worte des britischen Politikers und ehemaligen Premierministers James Callaghan weisen auf den entscheidenden Unterschied zwischen einem Berater und einer Führungskraft hin und zeigen zugleich die unentbehrliche Rolle auf, die beide in Managementprozessen spielen. Will man Erfolg haben, kann auf die Fähigkeiten weder des einen noch des anderen verzichtet werden.

Dem Berater beziehungsweise Experten obliegt die Pflicht, den Sachverhalt einer Aufgabenstellung in seinem Wissensgebiet zu durchdringen, ihn Dritten korrekt und verständlich darzulegen und Lösungswege aufzuzeigen. Ein Experte nimmt aber, selbst wenn er über einen sehr weiten Blickwinkel verfügt, nur einen Teil einer Gesamtaufgabe wahr, kann auf gewisse Weise auch seinen Standpunkt nur begrenzt verlassen. So hat ein Marketingexperte bei allen unternehmerischen Fragen immer eher den Markt, den Kunden im Auge. Der Controller dagegen betrachtet die gleichen Fragen vom Standpunkt der Lenkung und Steuerung von Kosten im Verhältnis zu Erlösen. Der Produktgestalter wiederum strebt nach dem optimalen Produkt, denkt dabei aber zuweilen weniger an den Markt oder an die Kosten.

Die unternehmerische Gesamtaufgabe und somit die Aufgabe des von Callaghan so genannten »Anführers« ist es aber, alle Herausforderungen zu koordinieren und sie zu den besten Ergebnissen zu führen. Die dabei zu berücksichtigenden Ratschläge sind ebenso vielfältig wie zahlreich und stammen bei Weitem aus mehr Fachgebieten als denen des Marketing, Controlling oder der Produktgestaltung.

Eine gute Führungskraft macht aus, dass sie alle Ratschläge sammelt, letztlich aber eine klare und zielgerichtete Entscheidung trifft. Die wird in der Regel bei den Experten der Fachgebiete nicht überall Beifall finden. Aber das liegt wie gesagt in der komplexen Aufgabenstruktur und der Hierarchie von Prioritäten. Diese muss der »Anführer« im Blick haben, nicht der Experte.

***»Bevor ich ein Stück komponiere,
lauf ich mehrere Male drum herum,
begleitet von mir selbst.«***

ERIK SATIE

Diesen Worten des berühmten französischen Komponisten Erik Satie nachzugehen kann hilfreich für kreative Prozesse sein, ist aber auch von großem Nutzen für strategische Planung. Denn Saties Aussage verweist nicht nur auf eine Art zu denken und zu kombinieren, sondern auch auf eine Planungstechnik.

Ist also das Komponieren von Musik nicht sehr weit entfernt vom Planen eines Projekts? Sagen wir es lieber so: Ein Komponist ist nicht automatisch ein guter Stratege, ebenso wenig wie jemand mit Planungs- und Organisationstalent gleich komponieren kann. Was aber beide Aufgabengebiete eint, ist die Ähnlichkeit der Anforderungen, die sie bereithalten.

Denn sowohl Planung als auch Komposition werden bestimmt von Ursache-Wirkungs-Beziehungen. Während das bei der Planung auch für den Laien noch recht eindeutig zu erkennen ist, mag das beim Schaffen von Musik nicht sofort nachvollziehbar sein. Dass es aber dennoch so ist, wird vielleicht eingängig, wenn man sich vor Augen führt, dass in einem Musikstück jede Note in Zusammenhang mit der ihr vorangegangenen und der ihr nachfolgenden steht. Das bedeutet keineswegs, dass sich Noten bedingen, aber Noten und Harmonien folgen einer gewissen Ordnung und Logik. Der Komponist hat natürlich die Freiheit und Möglichkeit, Logiken zu durchbrechen. Dies tut er aber immer mit der Folge, dass er eine neue Logik schafft, sei diese auch noch so wenig nachvollziehbar oder auch noch so weit gefasst.

Das Vorgehen, das Erik Satie beschreibt, ist nichts anderes als das Betrachten eines geplanten Weges von allen Seiten, die geeignet erscheinen. Der Zusatz »begleitet von mir selbst« verleiht diesem Akt des Kreierens und des Planens eine besondere Note. Denn er drückt die Haltung aus, das Angestrebte mit dem eigenen Ich abzuprüfen. Diese Kontrollinstanz »Ich« kann dabei vielerlei Aufgaben übernehmen. Sie kann das Überprüfen der eigenen Ansprüche, der eigenen Wünsche und Ziele, des eigenen Geschmacks, der eigenen Moral sein. Je nach Situation und natürlich nach Projekt kann dieses »drum herum gehen« begleitet »von sich selbst« variieren.

Es tut zuweilen gut, sich diese Worte von Erik Satie in Erinnerung zu rufen. Sie können helfen. Denn im besten Falle sind letztlich die eigenen Überzeugungen und Maßstäbe die beste Kontrollinstanz.

»Es ist das eine, einem Mann aufzuzeigen, er sei im Irrtum, und das andere, ihn in den Besitz der Wahrheit zu bringen.«

JOHN LOCKE

Man kennt das aus Diskussionen. Die falsche Überzeugung manches Gegners muss gleich einem Felsen Brocken für Brocken zertrümmert werden. Will man darüber hinaus auch noch einen neuen Weg, eine neue Lösung durchsetzen, hat man noch sehr viel mehr zu tun. Das bringen die Worte des englischen Philosophen John Locke auf den Punkt.

Leider wird aber gerade nach der teils erschöpfenden Arbeit, die den anderen schließlich überzeugt, dass er falsch lag, hin und wieder vergessen, dass nun eine zweite, ebenso wichtige Etappe zu bewältigen ist. Es ist die Aufgabe, den anderen endgültig auf seine Seite zu ziehen oder, wie es bei John Locke heißt, ihn »in den Besitz der Wahrheit« zu bringen.

Der aufgezeigte Mechanismus greift nicht nur in Situationen, in denen es um Irrtum versus Wahrheit geht, sondern auch dann, wenn es heißt, konträre Standpunkte zu überwinden oder aber schlichtweg Vertrauen gewonnen werden muss. So folgt nicht nur die Überwindung verschiedener Ansichten, die bei Konflikten etwa in Bezug auf die Reorganisation eines Unternehmens auftreten, dieser Regel, sondern auch die Gewinnung und letztlich das Halten neuer Kunden.

Denn im erstgenannten Fall ist nach der Aufgabe des Widerstandes eines Opponenten noch lange nicht dessen künftiges motiviertes Mitwirken gewährleistet. Im Fall einer Marketingkampagne garantieren große Resonanz, überwältigendes Interesse, vielleicht sogar zahlreiche Erstkäufer noch immer nicht den endgültigen Erfolg eines Produktes.

»Ich ziehe das Zeichnen dem Reden vor. Zeichnen ist schneller und gibt der Lüge weniger Raum.«

Le Corbusier

Rücken wir das Reden jetzt nicht allzu voreilig in die Nähe der Lüge. Das kann man vielleicht aus dieser Aussage des berühmten französisch-schweizerischen Architekten und Designers Le Corbusier deuten. Der aber hat das vermutlich gar nicht so strikt gemeint.

Stellt man allerdings wie Le Corbusier Zeichnen und Reden gegeneinander und geht man seiner Schlussfolgerung nach, findet man rasch die Vorzüge, die Zeichnen im Vergleich mit dem Reden hat – auch, wenn man darüber all das Gute, das das Reden wiederum dem Zeichnen in vielem überlegen macht, nicht vergessen darf.

Die Vorzüge des Zeichnens betrachtend, stellt sich sogar die Frage, warum Zeichnen gerade dann, wenn man miteinander redet, gerade in einer beruflichen Situation, nicht sehr viel öfter als Instrument eingesetzt wird. Denn Zeichnen ist das Strukturieren von Gedanken. Zeichnen eröffnet die Möglichkeit, über die Anordnung und das In-Beziehung-Setzen weniger Symbole, etwa durch Pfeile, durch Reihenfolgen, Zusammenhänge auf einen Blick zu verdeutlichen, für deren Erläuterung man mittels der Sprache lange gebraucht hätte. Wer das nicht glaubt, soll nur mal versuchen ein EDV-Flussdiagramm in Sätze zu fassen und dabei dessen Inhalt voll und ganz gerecht zu werden.

Wenn man nun Le Corbusiers Worte auf die Waagschale legt, ist dann die Entscheidung, eher zu reden als zu zeichnen, ein Akt, der einer Lüge Vorschub leistet? Es geht letztlich nicht darum, beide Kommunikations- und Erörterungstechniken gegeneinander auszuspielen. Denn Reden ist unbestritten, und das hätte sicher auch Le Corbusier unterstrichen, eines der wichtigsten Mittel der Verständigung zwischen den Menschen. Der Gewinn aber, der aus Le Corbusiers Aussage zu ziehen ist, ist die Erkenntnis, dass oft genug das begleitende Zeichnen, das Veranschaulichen über Diagramme oder rasch skizzierte Übersichten, vieles beim Reden erleichtert und damit manche Lösung schneller herbeiführt.

»Keine Kunst ist weniger spontan als meine. Was ich tue ist reflektieren und die großen Meister studieren.«

Edgar Degas

Der französische Maler Edgar Degas ist einer der bedeutendsten Maler des Impressionismus, jener Kunst, die sich dem Festhalten des flüchtigen Augenblicks, der Darstellung des Spontanen verschrieben hatte. Die Impressionisten sind gerade aus heutiger Sicht ein besonders einprägsames Beispiel dafür, wie das Neue, wie die plötzliche Aufforderung Gewohnheiten zu ändern, die gleichen Reflexe der Ablehnung hervorruft. Die Kritiker warfen den Impressionisten Geschichtsvergessenheit vor, schimpften, sie würden ihre Bilder nicht fertig malen, klecksten nur rum, würden ihre Motive falsch ins Bild setzen, seien also handwerkliche Stümper. Vor allem Degas war es, der mit seinen seinerzeit revolutionären Bildaufteilungen die Art veränderte, wie Bilder betrachtet wurden.

Der Eindruck der Spontaneität, den Degas' Gemälde vermittelten, hat seinerzeit den einen oder anderen Betrachter zu dem Schluss verleitet, dass das Bild sehr schnell, geradezu spontan erschaffen worden sei.

Doch Degas' Arbeiten waren keineswegs Ergebnisse einer spontanen Herangehensweise, sondern sehr geplant und immer inspiriert von den alten Meistern der Malerei. Degas' Arbeit war in ihren Anforderungen, im Wesen und in der Art des Vorgehens nicht sehr verschieden von anderen Berufsbildern. Wer besonders gute Arbeitsergebnisse erzielen will, wer der Profession, die er ausübt, konsequent und zielorientiert nachgeht, sei es eine kreative Arbeit wie die Degas' oder aber die Leitung eines Projekts, geht in der Regel ähnlich vor. Das, was dann von anderen eventuell als spontan wahrgenommen wird oder so wirkt wie ein Einfall, der aus dem Nichts kommt, ist meist Ergebnis einer Arbeitsweise, wie sie Degas mit seinen Worten im Kern beschreibt: Es ist das Ergebnis des Studierens der Arbeiten anderer Meister und des intensiven Reflektierens. Dies gilt, ob es sich um Marketing, strategische Planung oder Controlling handelt.

»Das Geheimnis des Geschäfts ist, etwas zu wissen, was kein anderer weiß.«

ARISTOTELES ONASSIS

Über das Phänomen der Information, über ihr Wesen und ihre Auswirkungen auf ökonomische Handlungsweisen zerbrechen sich Wirtschaftswissenschaftler schon seit Jahrhunderten den Kopf. Die Aussage des berühmten griechischen Reeders Aristoteles Onassis führt in das Herz dieses Phänomens.

Denn der Wissensvorsprung ist ein entscheidender Erfolgsfaktor in zahlreichen geschäftlichen Belangen.

Es beginnt mit dem Wissensvorsprung, den man als Person gewinnen kann und immer wieder behaupten muss, der in Konkurrenzsituationen Vorteile verschafft. Es setzt sich fort mit dem Wissensvorsprung, durch den man Kunden gewinnt und behält. Und wie kommt man in den Besitz dieses wertvollen Gutes? Eine gute Ausbildung ist ein erster Trumpf, doch genauso wichtig ist die Bereitschaft, ja der Ehrgeiz, sich beständig weiterzubilden.

Das Wort »Wissensvorsprung« beschreibt auch das Wissen im Unternehmen: das Wissen des Unternehmens im Wettbewerb mit seinen Konkurrenten, aber auch das Wissen und den Wissensvorsprung im Unternehmen selbst. Im schlechten Falle wird ein Wissensvorsprung von Abteilungen oder Personen zu Herrschaftswissen. So sehr man Herrschaftswissen verdammt, es wird immer eine wichtige Rolle spielen. Denn auch dies ist das Wissen um etwas, das kein anderer weiß, etwas, das zu Vorteilen in Wettbewerbssituationen führt.

Auch Forschungs- und Entwicklungsarbeit ist immer der Versuch, exklusives Wissen zu erlangen. Ebenso versucht Marktforschung etwas über den Wettbewerb oder eine Zielgruppe zu erfahren, über ihre Bedürfnisse, Zusammensetzung und ihr Verhalten. Marktforschung versucht auch, wenn sie gut ist, immer etwas zu erfahren, was andere noch nicht wissen.

Wissen ist ein entscheidendes Instrument in allen Wettbewerbssituationen. Und weiß man als Käufer oder Verkäufer auf einem Markt mehr als andere, kann dieses Wissen zu immensen Gewinnen führen. Gerade dieses Wissen half Onassis sein großes Vermögen aufzubauen.

»Niemand kann vermutlich wahren und dauerhaften Erfolg haben oder in der Geschäftswelt reich werden, wenn er angepasst ist.«

JEAN PAUL GETTY

Erfolg ist immer eine Frage des eigenen Maßstabs. Das, was der amerikanische Milliardär Jean Paul Getty für Erfolg hielt, kommt mehr oder minder im zweiten Teil seiner hier zitierten Aussage ans Licht. Für Getty bedeutete Erfolg, reich zu werden. Und nahezu unermesslichen Reichtum anzuhäufen, das hat er geschafft. Doch nicht nur für den, der reich werden will, sind Gettys Worte von Nutzen, sondern auch für jenen, der überdurchschnittlichen Erfolg haben möchte. Um nun aus der oben genannten Aussage einen Gewinn zu ziehen, sind das Feld, auf dem man seinen Erfolg erkämpfen möchte, aber auch das Kriterium, das man als Maßstab für Erfolg nimmt, relativ unerheblich. Auch ist es nicht eine Frage des persönlichen Erfolgs.

Gettys Worte können für eine Unternehmung oder eine Marketingkampagne nutzbringend sein oder aber für die eigene persönliche Entwicklung, sei es eine Ausbildung oder das Ziel, Erfahrungen zu sammeln. Denn letztlich geht es hier im Prinzip um die Chance, die darin liegt, anders zu sein, andere Ergebnisse zu präsentieren oder andere Wege aufzuzeigen. Denn das Andere, das Besondere bringt erst den Vorteil, hebt von anderem ab. Bei allem Risiko: Nur etwas, das sich von dem Üblichen abhebt, kann den überdurchschnittlichen Erfolg erwarten lassen.

Anpassung, das Gegenteil also, ist nichts Ehrenrühriges. Doch wer sich anpasst, muss wissen: er kann allenfalls im Rahmen seiner Anpassung Erfolg erhoffen. Das Entgelt, mit dem dann zu rechnen ist, ob nun in monetärer Form oder als Lob und Anerkennung, kann nur im Rahmen dessen sein, was andere bekommen, die das Gleiche leisten.

»Kraft zeigt sich nicht nur darin, zu widerstehen, sondern auch darin, neu zu beginnen.«

F. Scott Fitzgerald

Diese Einstellung ist wichtig bei Niederlagen, und zwar bei Niederlagen jeglicher Art. Hat man sich nicht durchsetzen oder ein Projekt nicht erfolgreich abschließen können, heißt es Kraft zu sammeln, um es entweder noch einmal zu versuchen oder mit der gleichen Kraft sich neuen Zielen zuzuwenden. Die Kraft, die benötigt wird, fehlt vielen.

Damit sind im Übrigen nicht nur Personen gemeint, sondern auch Teams oder Unternehmen. Sie alle sind dem gleichen Mechanismus ausgesetzt, der enormen Schwierigkeit, nach dem Widerstehen Kraft für Neues zu mobilisieren. Was ist aber, wenn man durch die Kraft zu widerstehen vielleicht sogar einen Sieg davon getragen hat? Ja, vielleicht hat der amerikanische Schriftsteller F. Scott Fitzgerald bei seiner Feststellung an beide Möglichkeiten gedacht. Sowohl dann, wenn man nach langem Kampf verliert, als auch dann, wenn man gewinnt, gilt es, neue Kraft zu sammeln.

Insofern kann man die Worte F. Scott Fitzgeralds als lapidaren Hinweis auf den Lauf des Lebens nehmen, der nach einer Anstrengung immer wieder Kraft für Neues fordert.

Sich diese Tatsache hin und wieder bewusst vor Augen zu führen ist eine Mahnung, der Kraft die Möglichkeit zu geben, sich wieder zu regenerieren, Schwäche nach einem beendeten und hoffentlich siegreichen Wettbewerb auch zuzulassen. Das gilt auch und manchmal gerade dann, wenn man meint, bereits genug Energie für den nächsten Wettbewerb, das nächste Projekt, die nächste Tat zu haben.

»Menschen sterben für Orden.«

NAPOLEON BONAPARTE

Menschen brauchen Symbole. Da reicht kein Lob, keine noch so geschickte Motivationstechnik, Bilder müssen her. Der Erfolg muss zu sehen sein.

Als Napoleon Bonaparte als junger General nach der Französischen Revolution das neue Frankreich mit dem Revolutionsheer gegen die restaurativen europäischen Mächte verteidigte, war die Idee von Freiheit, Gleichheit, Brüderlichkeit eine entscheidende Kraft der Truppen. Doch auch die beste Idee kommt ohne Symbole, ohne Bilder nicht aus. Das erkannte Napoleon schnell. Titel und Orden sicherten nicht nur die Motivation seiner Mitstreiter, sondern auch deren Treue. Eine Heimat, deren Orden man trägt, lässt man nicht so leicht im Stich.

Das gilt auch für Unternehmen. Das Bild des Mitarbeiters des Monats in der Firmenzeitschrift ist dabei eines der gängigsten Beispiele, wie man mit Symbolen belohnt. Manche Unternehmen haben ausgefeilte Belohnungssysteme ausgearbeitet. Sie reichen von Jubiläumsnadeln über Geschenke bis zu Reisen. Firmenwagen sind wichtige Instrumente im Kanon der Symbolik der Macht und der Anerkennung. Man darf auch nicht verkennen, dass Titel, Positionsbezeichnungen und Insignien die gleiche Funktion wie Orden erfüllen.

Auch wenn sich mancher drüber lustig macht, sogar zahlreiche Zeitgenossen hartnäckig behaupten, ihnen seien Titel und Orden einerlei, fällt es schwer, ihnen zu glauben. Denn nicht von ungefähr trägt heute fast jeder den Titel »Manager«. Keiner ist gefeit vor der Macht der Titel und Orden und somit vor der Selbstbestätigung der eigenen Stellung im Rudel – auch wenn es manchem reicht, die eigene Bedeutung und somit die eigenen Orden still zu genießen. Persönliche Eitelkeiten lauern überall, das sollte man nicht vergessen.

»Es ist sinnlos, zu sagen:
Wir tun unser Bestes. Es muss dir gelingen,
das zu tun, was erforderlich ist.«

WINSTON CHURCHILL

»Wir tun unser Bestes« ist eine Floskel. So bezeichnet man eine freundliche, aber nichts sagende Redewendung. Genau diesen Charakter der Worte stellte Winston Churchill in diesem Zitat heraus.

Wenn eine Aussage nichts sagend ist wie »Wir tun unser Bestes«, dann ist sie in ihrer Interpretation auch dehnbar. Denn sein Bestes zu tun, bedeutet eben nicht unbedingt, das anzugehen, was für eine definierte Aufgabe nötig ist. Es bedeutet vielmehr, man tut das, was man gut zu können meint, ja man beschränkt sich womöglich gerade darauf.

Es ist also keine Spitzfindigkeit oder Haarspalterei, auf den Unterschied hinzuweisen, der darin besteht, sein Bestes zu tun, und dem, das zu tun, was erforderlich ist. Diesen Unterschied zu kennen, ist essenziell für die Lösung von Aufgaben. Zwar verlangt manche Aufgabe einfach nur, dass sie erledigt wird, doch jede Aufgabe verlangt genau das zu tun, was zu ihrer Lösung erforderlich ist.

Oft besteht die Herausforderung darin, Dinge anzugehen, die völlig neu sind oder die man sich bislang nicht zutraute. Doch verlangen das Leben und der Job das zu tun, was erforderlich ist und das – vor allem das – muss, wie Churchill betonte, gelingen.

»Die Klage über die Schärfe des Wettbewerbs ist in Wirklichkeit meist nur eine Klage über den Mangel an Einfällen.«

WALTHER RATHENAU

Dieser Satz stellt zunächst einmal fest, dass in einem Wettbewerb letztlich nur Ideen und Können zum Erfolg führen. Daraus lässt sich der Appell ableiten, nicht mit den Umständen zu hadern, sondern den Blick auf die Suche nach Lösungen zu richten.

Wettbewerb bedeutet im wortwörtlichen Sinn, um die Wette beispielsweise um Kunden »zu werben«. Stellt man sich dieser Herausforderung, heißt das, diejenigen, die mit einem um die Gunst des Kunden konkurrieren, ausstechen zu müssen, indem man dem Kunden die beste Lösung, das beste Produkt anbietet.

Womöglich kann man ein solches Angebot auch einmal durch Zufall, durch eine Art »zur rechten Zeit am rechten Ort« vorweisen, doch für langfristigen Erfolg reicht das nicht. Letztlich setzt sich der beim Kunden durch, der sein Angebot immer wieder verbessert und somit dem des Konkurrenten überlegen ist. Dies kann nur über Ideen und nicht nachlassende Kreativität erreicht werden.

Walther Rathenau, der Sohn des AEG-Gründers Emil Rathenau, später ebenfalls Chef des Unternehmens und darüber hinaus einer der bedeutendsten politischen Köpfe der frühen Weimarer Republik, stellte mit seinen Worten eine allzu menschliche Verhaltensweise heraus: Angesichts von Schwierigkeiten in einem Wettbewerb die Spielregeln zu beklagen, anstatt zu versuchen, besser zu werden.

Zwar gehört zum Wettbewerb immer wieder auch der Versuch die Spielregeln zu ändern, was zuweilen die Forderung laut werden lässt, den Wettbewerb ganz aus dem Spiel verschwinden zu lassen. Doch hat sich immer wieder gezeigt, dass langfristig meist die beste Lösung nur in einem Wettbewerb der Ideen zu erzielen ist. Ist es der Konkurrent, der überlegen ist, dann liegt das an dessen zurzeit besseren Ideen, nicht am Wettbewerb.

»Eine Investition in Wissen bringt noch immer die besten Zinsen.«

BENJAMIN FRANKLIN

Er musste es wissen. Denn Benjamin Franklin gehörte nicht nur zu den Gründervätern der Vereinigten Staaten von Amerika. Er war auch ein bedeutender Wissenschaftler, über den der eine oder andere weiß, dass er den Blitzableiter erfand. Sein nicht unbeträchtliches Vermögen machte Franklin jedoch als Geschäftsmann. Schon in jungen Jahren hatte er eine Druckerei eröffnet. Er erwarb eine Zeitung und wurde Herausgeber des Jahrbuchs »Poor Richard's Almanach«, das wesentlich zur Bildung der Siedler in den amerikanischen Kolonien beitrug. Auch die erste Fernleihe für Bücher ist Benjamin Franklin zu verdanken.

Betrachtet man also Franklins geschäftliche Aktivitäten – Druckerei, Zeitung, Jahrbuch, Fernleihe –, kann man mit Fug und Recht den Schluss ziehen, dass der Mann sein Geld mit der Vermittlung von Wissen machte. Doch Franklins Feststellung »Eine Investition in Wissen bringt noch immer die besten Zinsen« soll hier nicht als Ratschlag herhalten, in die Wissens- beziehungsweise Informationsbranche zu investieren. Den Satz so zu interpretieren, hieße zu kurz zu greifen. Vielmehr ist er Aufforderung, ein großes Augenmerk auf die beständige Erweiterung des eigenen Wissens zu legen. Denn Wissen ist ein Produktionsfaktor und in hoch entwickelten Volkswirtschaften sogar der wichtigste.

Die Investition in die eigene Bildung, in die der eigenen Kinder, in das Know-how eines Unternehmens, erhöht nicht nur die Chancen, sich zu behaupten, sondern eröffnet immer wieder neue Wege. Wissen erhöht die Handlungsmöglichkeiten und schafft erst die Voraussetzung für Innovationen. Benjamin Franklin hat es vorgelebt. So hat er seinerzeit in den amerikanischen Kolonien ein Netzwerk aus wissenschaftlich Interessierten gegründet. Er wollte, dass sie sich austauschen, sich gegenseitig anregen. Dass die Vereinigten Staaten zu der bedeutendsten Wirtschaftsmacht der Welt aufstiegen, ihre Universitäten, die Forschung, die Technik weltweit an der Spitze stehen, entstand aus diesem Geist, dass die Investition in Wissen die besten Zinsen trägt.

***»Man kann den Menschen nichts beibringen.
Man kann ihnen nur helfen,
es in sich selbst zu entdecken.«***

GALILEO GALILEI

Erkenntnis und Wissen standen im Leben Galileo Galileis immer im Mittelpunkt. Er war nicht nur ein Wissenschaftler, der die Ordnung der Welt durchdringen wollte, sondern er versuchte sein Wissen auch weiterzugeben, nicht nur in Schriften und in seinen berühmten Disputen mit anderen Gelehrten und der Kirche in Rom. Galilei lehrte auch an verschiedenen Hochschulen, so in Pisa und Padua. Nach seiner Verurteilung durch die Inquisition, weil er behauptet hatte, die Erde drehe sich um die Sonne, pflegte er auch trotz des von der Kirche verordneten lebenslangen Hausarrests den Kontakt zu seinen Schülern. Diese waren es auch, die kurz vor seinem Tod die Veröffentlichung seiner letzten bedeutenden Schrift ermöglichten, indem sie die Manuskripte des alten Mannes nach Holland schmuggelten, wo sie gedruckt wurden. Dieses letzte Buch Galileis versetzte die Menschheit in die Lage, den Weg zur modernen Physik zu entdecken.

Die hier zitierten Worte Galileis werfen ein besonderes Licht auf den Vorgang des Lernens und des Lehrens. Sie legen eine Zweischneidigkeit offen. Denn wertet man diese Aussage negativ, kann man daraus schließen, dass ein Mensch, der irgendeine Sache nicht versteht oder nicht lernt, anscheinend nichts in sich trägt, was, um in Galileis Bild zu bleiben, entdeckt werden kann. Legt man aber Galileis Feststellung positiv aus, kommt man zu dem Schluss, dass ein Grundverständnis in jedem Menschen angelegt ist und man nur den Weg finden muss, dieses zu wecken. Für den, der etwas lernen muss, ist dies Ermutigung, nicht gleich zu verzweifeln, wenn ihm bestimmte Dinge nicht sofort zugänglich sind. Er muss unter Umständen nur eine andere Logik entwickeln oder einen anderen Weg beschreiten, um das Verständnis, das in ihm steckt, zu entdecken.

Für einen Lehrer oder Ausbilder, also einen, der Menschen helfen soll das »Verständnis in sich zu entdecken«, bedeutet das herauszufinden, welches Potenzial auf welchem Wege in einem Schüler zu entdecken ist.

»Dem Manne, der die Geige baut, dankt alleine der Klang.«

FRIEDRICH II., DER GROSSE

Natürlich ist ein wichtiger Teil des Lohns für eine Arbeit das Geld, das man mit ihr verdient. Aber Hand aufs Herz. Spielen nicht auch Lob und Anerkennung für das Geleistete, aber auch der Einklang mit dem eigenen Selbstverständnis eine Rolle bei der Wahl der Arbeit und für die Motivation, mit der man sie ausübt? So hat sich manch einer sicher schon dabei ertappt, dass er eine bestimmte Aufgabe gerade deshalb übernommen hat, weil sie ein gewisses Prestige versprach. Die meisten Berufe, die zu bestimmten Zeiten populär sind, wie Journalist, Webdesigner oder eine Tätigkeit bei Film oder Fernsehen, werden ergriffen, weil die Aura dieses Berufs und dieses Umfelds so exponiert erscheint. Doch tatsächlich erfolgreich werden nur die, die sich zu der Sache hingezogen fühlen und das Ergebnis der Sache als das Entscheidende ihrer Aufgabe empfinden – den Klang!

In den Worten des preußischen Königs Friedrich II. schwingt sicher einiges davon mit, doch vor allem benennen sie den Sinn, der einer Arbeit im besten Falle innewohnt, und weisen gleichzeitig auf die ideale Einstellung hin, mit der man eine Aufgabe angehen sollte. Warum? Die einfachste Antwort ist, dass derjenige, der eine Aufgabe angeht um das beste Ergebnis zu erreichen, dies auch am ehesten schaffen wird.

Das mag noch einfach und eingängig sein. Das Besondere an der Aussage Friedrichs II. ist aber die gedankliche Tür, die sie öffnet und die auf den entscheidenden Punkt hinweist, auf den bei der Einstellung zu der eigenen Arbeit zu achten ist, um tatsächlich Erfolg zu haben. Wichtig ist, um in dem Bild Friedrichs zu bleiben, nicht die Geige selbst, nicht das Lob der anderen, nicht die Anerkennung durch den Käufer der Geige, es ist auch nicht das Entgelt, das der Käufer für die Geige entrichtet (dies ist der Lohn, der zwar wichtig, aber nicht alles ist). Und es ist erst recht nicht das gesellschaftliche Prestige, das die Profession, die man ausübt, besitzt.

Um richtig gut zu sein, hat der, der die Geige baut, auf den Klang der Geige zu achten. Der perfekte Klang ist der Dank. Der Lohn folgt im Übrigen nicht selten auf dem Fuße.

Aus Friedrichs Worten könnte man auch schließen: Bist du nur auf Lohn aus, wirst du langfristig keinen Erfolg haben. Der wahre Dank ist nicht der Dank von anderen, sondern der Dank der getanen Arbeit an den, der sie getan hat.

»Der Trotz ist die einzige Stärke des Schwachen – und eine Schwäche mehr.«

Arthur Schnitzler

Trotz ist eine natürliche Reaktion des Menschen. Vor allem mit Kindern bringt man Trotz schnell in Verbindung. Was spielt sich in einem Kind ab, wenn es trotzig ist? Es ist der eigene Wille, der sich nicht fügen will, obwohl die Erkenntnis reift, ihn nicht durchsetzen zu können.

Der gleiche Mechanismus läuft in Erwachsenen ab. Trotz ist eine Reaktion des Schwächeren. Seine Schwäche kann vielerlei Ursachen haben. Sie kann in einer falschen Argumentation bestehen, aber auch reine Unterlegenheit sein.

Es ist interessant, über die Feststellung des österreichischen Schriftstellers Arthur Schnitzler auf zweierlei Weise nachzudenken. Einmal in Bezug auf den Trotz anderer, zum anderen in Bezug auf den eigenen Trotz.

Der Trotz anderer ist der, den man wahrnimmt, wenn man in einer Auseinandersetzung siegt. Auch als der Sieger muss man damit umgehen können. Trotz kann man begegnen, indem man zum einen dem Unterlegenen Raum für einen gewissen Trotz gibt. Denn Trotz hat immer mit Selbstbehauptung, mit der eigenen Würde zu tun. Trotz dient einem Unterlegenen, auf eine gewisse Weise, das Gesicht zu wahren. Neben diesem so genannten Raum, den man dem Unterlegenen lässt, ja lassen muss, gilt es aber, dessen Trotz irgendwann, wenn er nicht abebbt, in konstruktive Bahnen zu lenken. Dies gelingt vor allem dadurch, dass man dem anderen Raum für neue Entfaltung seines Willens gewährt.

Der eigene Trotz lässt sich vielleicht nach einer gewissen Zeit der Emotion, der Wut ebenfalls in konstruktive Bahnen lenken, wenn man sich gerade Arthur Schnitzlers Worte in Erinnerung ruft. Denn dann wird einem irgendwann klar, dass Trotz ab einem bestimmten Punkt tatsächlich nur noch eine Schwäche ist.

»Beispiel nützt zehnmal mehr als Vorschrift.«

CHARLES JAMES FOX

Regeln sind wichtig. Das gemeinsame Leben, das gemeinsame Handeln in jeglicher Gemeinschaft gestaltet sich darüber.

Während Regeln mehr oder minder akzeptiert und beachtet werden, ist die Vorschrift nicht besonders beliebt, reizt sogar zum Widerstand.

Wird die Regel zur Vorschrift, wenn man auf die Regel hinweist? Interessant ist, dass die Worte des englischen Politikers Charles James Fox in ihrem englischen Wortlaut »Example will avail ten times more than precept« heißen und mit »precept« ein Wort im Satz tragen, das übersetzt sowohl »Vorschrift« als auch »Regel« bedeutet.

Wie dem auch sei, ob Regel oder Vorschrift, geraten nicht beide gleichsam ins Hintertreffen, wie Charles James Fox hinweist, wenn man anstatt ihrer ein Beispiel vorlebt, wie Zusammenleben, Zusammenarbeiten funktionieren können? Entscheidend daran ist nicht nur das praktische Tun, das besser ist als jedes Reden, sondern auch die Wirkung, die ein Handeln auf den hat, der ein Beispiel vorlebt. Denn es ist nahe an dem, was er erreichen will. Der, der dagegen nur redet, spricht von einem Ideal, lässt aber keine Taten sehen.

Das vorgelebte oder aber auch geschilderte Beispiel ist im Grunde in allen Managementbelangen in seinem Mechanismus gleich. Wenn es darum geht, einen Zusammenhang darzustellen, sei es bei der Darlegung eines Projekts, oder das Vermitteln von Know-how, das praktische Beispiel ist ein hervorragendes Instrument.

Geht es als Führungskraft darum, in einer Mannschaft Teamgeist zu fördern, dann ist das eigene Verhalten als Beispiel entscheidend. Nur wer täglich vorlebt, dass er jeden im Team für wichtig hält, Zuversicht zeigt, dass ein gemeinsames Ziel erreicht werden kann, anstatt das Team über Vorschriften zu führen oder ständig an Pflichten zu erinnern und Sanktionen anzudrohen, kann den Einsatz aller tatsächlich erwarten.

»Gib der Alltäglichkeit ihr Recht, und sie wird dir mit ihren Anforderungen nicht zur Last fallen.«

Clemens Brentano

Die Dinge des Alltags können eine Qual sein. Man mag noch so sehr versuchen, sich von Verantwortung und Regeln fern zu halten, der Alltag fordert von jedem sein Recht. Gerade der, der meint, er könne dem Alltag entfliehen, so kann man den Rat des deutschen Dichters Clemens Brentano deuten, wird von ihm eingeholt.

Nehmen wir die simpelsten Anforderungen des Alltags. Ob man will oder nicht: Essen, trinken, schlafen muss jeder. Doch selbst das mag manchmal eine Last sein, und manch eine dieser lebensnotwendigen Verrichtungen mag für den einen oder anderen im größten Stress fast als eine Zeitverschwendung erscheinen. Doch gibt man diesen Grundbedürfnissen bewusst ihr Recht, verbindet sie mit einem bewussten Tun, sogar mit Genuss, sind sie schön und tun auch der Seele gut. Sie helfen sogar über ihre biologische Funktion weit hinaus, emotional wieder aufzutanken.

Mit anderen Alltagsanforderungen lässt sich dagegen eher kein Genuss verbinden, beispielsweise mit der ständig wiederkehrenden Hausarbeit oder bestimmten Erledigungen. Im Alltag des Berufes gibt es ebenfalls eine Fülle von Routineaufgaben. Sie aber bewusst und mit einer gewissen Gelassenheit zu erledigen – man kommt eben nicht um sie herum – hilft, die Last und die Langeweile, die mit ihnen verbunden sind, in Grenzen zu halten. Wichtig ist es, alltägliche Anforderungen zu erkennen und als solche zu behandeln. Begegnet man den Alltäglichkeiten im richtigen Maß, sind sie sogar das Fundament für die Freiheiten, die man sich nehmen möchte.

Bleibt noch der Rat, weder in das eine noch das andere Extrem zu verfallen. Das eine Extrem ist, Alltäglichkeiten nur als Last zu empfinden. Tut man das, verliert man den Blick für ihre Bedeutung und hat als Ergebnis nur die eigene Unzufriedenheit und Verdruss. Das andere Extrem ist der Versuch, die Erledigung des Alltäglichen perfekt zu gestalten. Ein Beispiel ist der übertriebene Ordnungszwang. Die Mutation zum Sklaven des Alltäglichen ist gewiss.

Jetzt, da ich das geschrieben habe, gehe ich erst mal staubsaugen.

»Wenn wir wollen, dass alles so bleibt, wie es ist, dann ist es nötig, dass sich alles verändert.«

Giuseppe Tomasi di Lampedusa

Alles soll sich ändern, damit alles so bleibt? Ein paradoxer Satz? Fern jeder Logik? Denn die Frage ist, welches »alles« muss sich ändern, damit welches »alles« bleibt?

Auf jeden Fall ist der Satz tiefgründiger und widerspenstiger, als seine Popularität vermuten lässt. Denn nicht selten wird er in mehr oder minder ähnlicher Wortwahl benutzt, wenn es darum geht, unumgänglich erscheinende Veränderungsprozesse zu begründen. Wird der Satz in die Runde geworfen, erntet er unter den Befürwortern der Veränderungen Beifall und Zustimmung. Denkt jemand weiter?

Was ist dieses »Alles«, was bleiben soll? Wovon wünschen sich das Menschen zu allen Zeiten? Auf jeden Fall ist es weit mehr als die fundamentalen Bedürfnisse wie Sicherheit, das

Stillen von Durst und Hunger. Es sind auch so wichtige Dinge wie Freiheit, Arbeit, Identität, Anerkennung, Geborgenheit, Hoffnung.

Die Suche nach dem, was »alles« bleiben soll, führt also letztlich zu den gemeinsamen Werten, zu den Fundamenten des Zusammenlebens. Das legt den Schluss nahe, dass Änderungen, wie sie hier gemeint sind, so verschieden die Ansichten sein mögen, was zu ändern und zu opfern ist, letztlich deshalb vorgenommen werden müssen, um die Gemeinschaft, sei es eine Gesellschaft, ein Unternehmen oder eine Abteilung, zu bewahren.

Dies ist die Essenz des Satzes des italienischen Schriftstellers Giuseppe Tomasi di Lampedusa. Wer an Veränderungen denkt, soll dies nicht um eines augenblicklichen Vorteils willen tun, sondern er muss die Gemeinschaft, für die er Verantwortung trägt, im Blick haben, und er hat die langfristigen Auswirkungen der geplanten Veränderung zu bedenken. Erst, wenn er das bedacht hat, kann er überlegen, was »alles« geändert werden muss, damit »alles so bleibt, wie es ist.«

Personen und Quellen

Neben kurzen Zusatzinformationen zu denen, deren Worte in diesem Buch zitiert werden, sind hier Belege zur Herkunft der Zitate und gegebenenfalls auch der Wortlaut in der Originalsprache nachzuschlagen.

Aufnahme in das Buch fanden vor allem Zitate, für die es eindeutige Belege gibt oder die von vergleichsweise zuverlässigen Quellen zitiert wurden. Bei Autoren und Schriftstellern war das Auffinden der Belege im Allgemeinen leicht. Die dadurch angeführten Quellen sind oft Fundgruben für weiteres sehr interessantes Schmökern in Sentenzen und Aphorismen. Bei Aussprüchen, insbesondere zeitgenössischer Prominenter, ist es dagegen zuweilen ungleich schwerer, einen endgültigen Beweis zu liefern. Dennoch handelt es sich ausschließlich um Zitate, die entweder sehr häufig in gedruckten oder im Internet veröffentlichten Zitatsammlungen zu lesen sind oder in etablierten Quellen zitiert werden.

Douglas Adams

(1952–2001), britischer Schriftsteller. Berühmt wurde er durch sein Buch »Per Anhalter durch die Galaxis«, das zuvor als Fernsehserie der BBC erfolgreich war. Er veröffentlichte weitere Bücher, die sich auf skurrile Weise in einer Science-Fiction-Rahmenhandlung mit nahezu allen Themen des Lebens befassen.

Der hier zitierte Satz von Adams ist dem Artikel »Einmal Adams und zurück« aus dem ZEITmagazin, Nr. 10 vom 5. März 1993, Seite 45, von Andreas Einsiedel und Wigand Koch entnommen.

ALFRED ADLER

(1870–1937), österreichischer Psychologe und Psychiater. Der Schüler Sigmund Freuds wandte sich später von diesem ab und begründete die Individualpsychologie, die den Hauptantrieb des menschlichen Handelns nicht wie Freud im Sexual-, sondern im Machttrieb sah.

Das Zitat ist nachzulesen in dem Buch von Phyllis Bottome: Alfred Adler: Apostle of Freedom, erschienen bei Faber and Faber Ltd. in London, 1939. Im 5. Kapitel wird Adler wie folgt zitiert: »It is always easier to fight for one's principles than to live up to them.«

THEODOR W. ADORNO

(1903–1969), deutscher Soziologe, Musiktheoretiker und Philosoph. Er emigrierte 1934 in die USA und kehrte 1949 nach Deutschland zurück. Neben Max Horkheimer der wichtigste Kopf der »Frankfurter Schule«, kritisierte er die Aufklärung ebenso wie die Existenzphilosophie.

Der Satz ist entnommen aus Theodor W. Adorno: Minima Moralia. Reflexionen aus dem beschädigten Leben, Frankfurt am Main, Suhrkamp, 1970, Seite 57.

MUHAMMAD ALI

(geb. 1942), amerikanischer Boxer, geboren als Cassius Clay. Der mehrfache Boxweltmeister brach als einer von wenigen das ungeschriebene Boxgesetz »They never come back«. Er gilt nicht nur als der vielleicht beste Boxer des 20.

Jahrhunderts, sondern ist auch einer der berühmtesten Athleten der Geschichte. Seine Zivilcourage und seine Persönlichkeit sicherten ihm Popularität weit über seine beispiellose Boxkarriere hinaus.

Das Zitat ist dem Interview entnommen, das in der November-Ausgabe des amerikanischen »Playboy« aus dem Jahr 1975 erschien. Dort heißt es: »The man who views the world at 50 the same as he did at 20 has wasted 30 years of his life.«

Woody Allen

(geb. 1935), amerikanischer Autor und Filmregisseur. Besonders berühmt sind seine Filme »Der Stadtneurotiker«, »Manhattan« und »Hannah und ihre Schwestern«. Auch mit Kurzgeschichten wurde er weltweit erfolgreich.

Der häufig herangezogene Satz wird unter anderem zitiert in Thomas J. Peters, Robert H. Waterman: In Search of Excellence, Harper & Row. Im Original heißt es: »Eighty percent of success is showing up.«

Roald Amundsen

(1872–1928), norwegischer Polarforscher. Amundsen wurde berühmt durch seine Südpolexpedition von 1910–1912, mit der er und seine Männer als erste Menschen den Südpol erreichten. Später erregte er Aufsehen durch fliegerische Expeditionen unter anderem mit dem Luftschiff »Norge«.

Amundsens Äußerung stammt aus Odd Arnesen: Roald Amundsen, wie er war, Union Verlag, Stuttgart, Berlin, Leipzig, 1931, Seite 190, zitiert in Markus Gressmann, Stefan Jehn: Das Amundsen-Prinzip, Redline Wirtschaft bei Verlag Moderne Industrie, München, 2003, Seite 136.

Hannah Arendt

(1906–1975), deutsch-amerikanische Politikwissenschaftlerin und Soziologin. Sie emigrierte 1933 und lebte schließlich in New York. Neben Arbeiten über politische Philosophie, den Totalitarismus und jüdische Fragen wurde sie vor allem durch ihre Untersuchung »Eichmann in Jerusalem« weltweit bekannt.

Das Zitat stammt aus der Zeitschrift »New Yorker« vom 12. September 1970. Dort heißt es: »The most radical revolutionary will become a conservative the day after the revolution.«

Francis Bacon

(1561–1626), englischer Staatsmann, Schriftsteller und Philosoph. Sein bleibender Einfluss auf das abendländische Denken entspringt nicht nur seinen brillanten Essays, sondern vor allem seinen Arbeiten zu einer modernen Theorie und Praxis der Wissenschaften.

Das hier aufgeführte Zitat wird ihm zugeschrieben, wie unter anderen die »Zitatseite« der Internetenzyklopädie Wikipedia (de.wikiquote.org/wiki/Francis-Bacon) im Februar 2005 angab.

Brigitte Bardot

(geb. 1934), französische Schauspielerin. Sie wurde in den 1950er-Jahren durch zahlreiche Filme zu einem weltweit berühmten Star und Sexsymbol.

Dieses ihr zugeschriebene Zitat wird, wie soll es anders sein, auf zahlreichen Internetseiten, die sich mit Computern auseinander setzen, wiedergegeben, so im Februar 2005 unter anderem auf www.pc-welt.de. Gedruckt findet es sich beispielsweise in »ZEITpunkte« Nr. 5 von 1996 auf Seite 44.

Walter Benjamin

(1892–1940), deutscher Schriftsteller, Literaturkritiker und Philosoph. Er wurde bekannt durch scharfsinnige Literaturbesprechungen, übersetzte später Baudelaire und Proust und verfasste im Exil in Paris sein kultur- und kunstkritisches Hauptwerk »Das Kunstwerk im Zeitalter seiner technischen Reproduzierbarkeit«.

»Grundsatz der Werbung: sich siebenfach machen; siebenfach sich um die stellen, die man begehrt«, stammt aus Walter Benjamin: Schriften, Band 1, Suhrkamp Verlag, München, 1955, Seite 558.

»Die Mode ist die ewige Wiederkehr des Neuen«, ist aus dem gleichen Werk entnommen, diesmal von Seite 485.

Clemens Brentano

(1778–1842), deutscher Dichter. Er ist einer der bedeutendsten Dichter der deutschen Hochromantik. Der Bruder von Bettine von Arnim hat vor allem mit seinen Geschichten und Märchen seinen bleibenden Beitrag zur deutschen Literatur geleistet. Von besonderer Bedeutung sind »Geschichte vom braven Kasperl und dem schönen Annerl« und die Volksliedersammlung »Des Knaben Wunderhorn«.

Das oft herangezogene Zitat findet sich auf zahlreichen Zitatseiten im Internet, aber auch in Zitatsammlungen in Buchform.

George Burns

(1896–1996), amerikanischer Komiker und Schauspieler. Berühmt als der »Mann mit der Zigarre«, spielte er in zahlreichen Hollywoodfilmen. Am bekanntesten wurde er in Deutschland durch seine Rolle als Co-Partner von Walter Matthau in der Filmkomödie »Sunny Boys«.

Quelle für das Zitat ist die Dezember-Ausgabe der Zeitschrift »LIFE« aus dem Jahr 1979. Dort heißt es: »Too bad that all the people who know how to run the country are busy driving taxicabs and cutting hair.«

RICHARD BURTON

(1925–1984), britischer Schauspieler. Für die Klatschpresse lieferte er vor allem durch seine Beziehung zu Elisabeth Taylor jahrelang reichlich Stoff. Nichtsdestotrotz war Burton ein herausragender Schauspieler seiner Zeit. Er glänzte in Filmen wie »Blick zurück im Zorn« und mit Elisabeth Taylor in »Wer hat Angst vor Virginia Woolf?«

Das Zitat ist dem Beitrag »On his Films« entnommen, der in dem Magazin »Newsweek« vom 20. August 1984 veröffentlicht wurde. Dort heißt es: »If you're going to make rubbish, be the best rubbish in it.«

JAMES CALLAGHAN

(geb. 1912), britischer Politiker und Staatsmann. Der der Labour-Party angehörende Callaghan ist der einzige britische Politiker, der sowohl Finanz-, Innen-, Außenminister als auch (von 1976 bis 1979) Premierminister war.

Das Zitat steht als »A leader must have the courage to act against an expert's advice«, in »The Harvard Business Review« vom 1. November 1986.

ALBERT CAMUS

(1913–1960), französischer Schriftsteller. Er wurde berühmt durch seine Romane »Der Fremde« und »Die Pest«. Der Literaturnobelpreisträger des Jahres 1957 wirkte als so genannter »Denker des Absurden« maßgeblich auf die Philosophie, besonders mit seinem Essay »Der Mythos von Sisyphos«.

Das Zitat ist einem Zeitungsartikel entnommen, den Camus 1953 für die Verbandszeitung seiner algerischen Jugendmannschaft verfasst hatte. Dieses sowie der andere zitierte Satz stammen aus der deutschen Übersetzung von Marie Luise Knott, wieder veröffentlicht in »Le Monde diplomatique« Nr. 7380 vom 11.6.2004.

ELIAS CANETTI

(1905–1994). Der Schriftsteller, Sohn einer aus Spanien stammenden jüdischen Kaufmannsfamilie, wuchs in Bulgarien und England auf und lebte zuletzt in der Schweiz. Er verfasste seine Werke in deutscher Sprache. Berühmt wurde vor allem sein Romanwerk »Die Blendung«. 1981 erhielt er den Nobelpreis für Literatur.

Das Zitat ist aus Elias Canetti: Die Provinz des Menschen. Aufzeichnungen 1942–1972, Hanser, München, 1973, 2. Auflage, 1981, Seite 305.

AL CAPONE

(1899–1947), amerikanischer Gangsterboss. Als mächtigster Mann der Unterwelt im Chicago der 1920er-Jahre verdiente er sein Geld durch illegale Kneipen, Prostitution, Schutzgelderpressung und Glücksspiel. Ihm wurde die Verantwortung für zahlreiche Morde in Bandenkämpfen zugewiesen. 1931 wurde er wegen Steuerhinterziehung verhaftet.

Der hier erwähnte, ihm zugeschriebene Satz, im Original: »You will get more with a kind word and a gun than with a kind word alone«, wird oft zitiert. So in dem Film »The Untouchables« von 1987. Fareed Zakaria erwähnt ihn in »The Arrogant Empire« in der »Newsweek« vom 24. März 2003, Seite 23 und weist darauf hin, dass ihn auch US-Verteidigungsminister Donald Rumsfeld gerne heranzieht. Dies veranlasste Zakaria zu der Bemerkung, dass die Haltung eines Gangsterbosses nicht die Haltung der weltweit führenden demokratischen Macht sein sollte.

Coco Chanel

(1883–1971), französische Modemacherin und Unternehmerin. Sie revolutionierte mit dem »kleinen Schwarzen« nicht nur die Rockmode, sondern mit Hosen für Frauen und später zweiteiligen Kostümen die gesamte Frauenmode. Frauen erschienen durch ihre Kreationen erstmals gleichberechtigt neben den Männern.

Der Satz auf S. 113: »Ich erfand mein Leben, indem ich es für selbstverständlich hielt, dass es für alles, was ich nicht mochte, ein Gegenteil gäbe, das ich mögen würde«, ist aus »An Uncommon Scold« von Abby Adams, 1989. Dort steht es als »I invented my life by taking for granted that everything I did not like would have an opposite, which I would like.«

Das Zitat auf S. 119: »Diejenigen, die etwas erschaffen, sind selten; diejenigen, die es nicht können, sind zahlreich. Daher sind Letztere stärker«, erschien als »Those who create are rare; those who cannot are numerous. Therefore, the latter are stronger«, in »This Week« am 20. August 1961.

Winston Churchill

(1874–1965), britischer Staatsmann. Als Premierminister während des Zweiten Weltkriegs war er die entscheidende Führungspersönlichkeit für die alliierten Kräfte in Europa gegen Hitler-Deutschland. Der glänzende Redner war auch ein herausragender Autor historischer Werke. 1953 wurde ihm der Nobelpreis für Literatur verliehen.

Das Zitat ist entnommen aus Churchills »My Early Life«. Dort heißt es im 26. Kapitel (»In the Orange Free State«)

»Those who can win a war well can rarely make a good peace and those who could make a good peace would never have won the war.«

Das Zitat »Es ist sinnlos zu sagen: Wir tun unser Bestes. Es muss dir gelingen, das zu tun, was erforderlich ist«, wird Churchill zuschrieben und erscheint im Allgemeinen als »It's not enough that we do our best; sometimes we have to do what's required.«

Marcus Tullius Cicero

(106–43 v. Chr.), römischer Politiker und Schriftsteller. Cicero war einer der wichtigsten Politiker Roms in der Zeit, da Julius Caesar nach der Alleinherrschaft strebte und in den Tagen, in denen nach dessen Ermordung Octavian, der später als Augustus der erste römische Kaiser wurde, mit Marcus Antonius um die Nachfolge kämpfte. Cicero war einer der bedeutendsten Redner Roms und ist durch seine umfangreichen Schriften zu nahezu allen Bereichen des Lebens einer der wichtigsten Autoren der lateinischen Sprache.

Das Zitat ist entnommen aus Marcus Tullius Cicero: De oratore, Kapitel 34, Sektion 120. Dort heißt es: »Nescire autem quid ante quam natus sis acciderit, id est semper esse puerum.« Eine lateinisch-deutsche Ausgabe, herausgegeben und übersetzt von Bernhard Kytzler, ist 1988 erschienen bei Artemis und Winkler in München und Zürich.

Carl von Clausewitz

(1780–1831), preußischer General und Militärtheoretiker. Er diente unter anderem als Adjutant des Prinzen August von Preußen während der Napoleonischen Kriege. Er war als Stabsoffizier und Lehrer an der Militärschule tätig. Zuletzt

Generalstabschef. Sein militärtheoretisches Werk »Vom Kriege« wurde von seiner Witwe posthum veröffentlicht.

Von den vielen Nachdrucken ist das Zitat dieser Ausgabe entnommen: Carl von Clausewitz: Vom Kriege, Ullstein Verlag, München, 2003, Seite 119.

FRANCIS FORD COPPOLA

(geb. 1939), amerikanischer Filmregisseur, dessen Filme »Der Pate« (Teil 1 und 2) ebenso in die Filmgeschichte eingingen wie »Apocalypse Now«.

Der zitierte Satz stand 1977 in einem Memo, das Coppola an seine Mitarbeiter verfasste. Erwähnt wird dies in Thomas Koebner (Hrsg.): Filmregisseure, Bernd Kiefer: »Francis Ford Coppola«, Reclam, Stuttgart, 1999, Seite 143.

MILES DAVIS

(1926–1991), amerikanischer Jazzmusiker. Davis ist einer der einflussreichsten Musiker des Jazz in der zweiten Hälfte des 20. Jahrhunderts. Vor allem seine Alben »Kind of Blue« und »Bitches Brew« waren wegweisend. Das erstgenannte war prägend für den Cool Jazz, Letzteres für die Fusion von Jazz und Rock.

Das Zitat stammt aus der ZEIT Nr. 22 vom 23.5.2001.

EDGAR DEGAS

(1834–1917), französischer Maler, Zeichner und Plastiker. Degas, einer der wichtigsten Vertreter des Impressionismus, brachte vor allem das Festhalten des Augenblickes und des Zufalls in die Malerei ein. Mit Hilfe zum Teil neuer Maltechniken bediente er sich der visuellen Elemente und Ergebnisse der noch jungen Fotografie. Von seinen Bildern wurden vor allem die von Balletttänzerinnen und vom Pferderennen berühmt.

Das Zitat auf S. 124: »Jeder hat Talent, wenn er 25 ist. Schwierig ist es, dieses mit 50 zu haben«, stammt aus dem Buch »The Notebooks of Edgar Degas« aus dem Jahr 1976. Dort heißt es: »Everyone has talent at twenty-five. The difficulty is to have it at fifty.«

Der Satz auf S. 130: »Keine Kunst ist weniger spontan als meine. Was ich tue ist reflektieren und die großen Meister studieren«, ist aus dem gleichen Buch entnommen. Dort steht er als »No art is less spontaneous than mine. What I do is the result of reflection and the study of the great masters.«

Benjamin Disraeli

(1804–1881), britischer Politiker und Schriftsteller. Disraeli wurde durch seine Romane bekannt. Doch in die Geschichte ging er ein als der charismatische und einflussreiche Premierminister in der Zeit der Königin Victoria und trug mit seiner Kolonialpolitik erheblich zum Ausbau des britischen Weltreichs bei.

Das Zitat stammt aus dem Buch Mark Twain: Mark Twain's Autobiography, 1924, Seite 246. Dort weist Mark Twain Disraeli diese Bemerkung zu. Manche Zitatbücher nennen aber auch andere, weniger bekannte Urheber.

Marie von Ebner-Eschenbach

(1830–1916), deutsche Schriftstellerin. Die geborene Gräfin Dubsky verfasste Romane, Dramen und Erzählungen über die Oberschicht Wiens. Am populärsten aber wurden ihre »Dorf- und Schlossgeschichten« sowie ihre Aphorismen.

»Eine stolz getragene Niederlage ist auch ein Sieg.« Das Zitat von S. 90 steht im gleichen Werk auf Seite 51.

»Jeder Mensch hat ein Brett vor dem Kopf – es kommt

nur auf die Entfernung an.« Dieses Zitat von S. 97 ist zu finden in Marie von Ebner-Eschenbach: Aphorismen, Reclam, Stuttgart, 1988, Seite 44.

Albert Einstein

(1879–1955), deutsch-amerikanischer Physiker. Einstein gilt als das größte Genie des 20. Jahrhunderts und einer der klügsten Köpfe, den die Menschheit je hervorgebracht hat. Mit der speziellen und der allgemeinen Relativitätstheorie veränderte er nicht nur das naturwissenschaftliche Weltbild, sondern den Blick der Menschheit auf Raum und Zeit und somit auch auf das Leben. 1921 erhielt er für seine Arbeiten zur Quantentheorie den Nobelpreis für Physik.

Das Zitat ist entnommen aus einem Brief Einsteins vom 11. März 1952 an den schweizerischen Schriftsteller Carl Seelig.

Dwight David Eisenhower

(1890–1969), amerikanischer General und Staatsmann. Während des Zweiten Weltkriegs war er ab 1942 der Oberbefehlshaber der alliierten Streitkräfte in Europa und koordinierte den Einsatz der Invasionstruppen in Nordafrika, Italien und Frankreich. Von 1952 bis 1960 war Eisenhower der 34. US-Präsident.

Der Satz wird im hier angegebenen Wortlaut in vielen deutschen Managementbüchern zitiert. Er stammt aus einer Rede Eisenhowers vor der National Defense Executive Reserve Conference in Washington. Dort heißt es: »I tell this story to illustrate the truth of the statement I heard long ago in the Army: Plans are worthless, but planning is everything.« Wortwörtlich müsste es also heißen: »Pläne sind wertlos, doch Planung ist alles.« Das klingt jedoch nicht so elegant.

Ralph Waldo Emerson

(1803–1882), amerikanischer Dichter und Philosoph. Emerson war der Wortführer des Transzendentalismus, der amerikanischen Variante des Idealismus. Von Bedeutung sind seine Essays und seine theoretischen Gedanken zur Dichtung. Emerson hat bleibenden Einfluss auf die Philosophen Nordamerikas.

Das Zitat steht als »Don't *say* things. What you *are* stands over you the while, and thunders so that I cannot hear what you say to the contrary« in Ralph Waldo Emerson: Social Aims, Letters and Social Aims, in Band 8 von The Complete Works of Ralph Waldo Emerson, 1917, Seite 96.

Heinz Erhardt

(1909–1979), deutscher Komiker und Schauspieler. Man kann ihn mit Fug und Recht als einen der großen Meister des Humors im Deutschland des 20. Jahrhunderts bezeichnen. Er wurde einem breiten Publikum in zahlreichen Filmen bekannt, von denen »Drei Mann in einem Boot« und »Die Herren mit der weißen Weste« zu den bekanntesten gehören. Nach wie vor populär sind Erhardts humoristische Gedichte und Texte, die auf fantasievolle Art mit der deutschen Sprache spielen.

Das Zitat stammt aus Heinz Erhardt: Von der Pampelmuse geküßt, Reclam, Stuttgart, 2005, Seite 55.

F. Scott Fitzgerald

(1896–1940), amerikanischer Schriftsteller. Er gilt als einer der Autoren der so genannten »Lost Generation«, jenen, die ihre Jugend während des Ersten Weltkriegs erlebten. Fitzgeralds Romane beobachten und beschreiben die Welt der Mondänen und Reichen in den wilden 1920er-Jahren. Berühmt wurden seine Bücher »Geschichten aus dem Jazz-Zeitalter« und »Der große Gatsby«.

Die beiden hier erwähnten Zitate stammen aus der Sammlung von Texten Fitzgeralds »The Crack-Up«, herausgegeben von Edmund Wilson, 1945, und sind zu lesen in dem Kapitel »The Note-Books, E«, Seite 122 f. Das Zitat von Seite 72 steht dort als: »No grand idea was ever born in a Conferece, but a lot of foolish ideas has died there.« Das Zitat auf Seite 134 ist dort nachzulesen als »vitality shows not only in the ability to persist, but in the ability to start over«.

THEODOR FONTANE

(1819–1898), deutscher Schriftsteller. Fontane gilt als der Begründer des modernen Romans in Deutschland und gleichzeitig als einer der größten Meister dieser Literaturform. Umso bemerkenswerter ist, dass er erst im Alter von 70 Jahren begann Romane zu verfassen. Am berühmtesten sind »Der Stechlin«, »Effi Briest« und »Frau Jenny Treibel«.

Das Zitat ist entnommen aus »Lebensklugheit aus Briefen Theodor Fontanes« aus der Reihe »Die kleinen Begleiter«, erschienen im Bertelsmann Verlag, Seite 45.

MALCOLM FORBES

(1917–1990), amerikanischer Verleger. Der Sohn des Gründers des Magazins »Forbes« war berühmt für seinen luxuriösen Lebensstil und leitete jahrelang erfolgreich das ererbte Familienunternehmen.

Das Zitat stammt aus der »Forbes«-Ausgabe vom 12. Mai 1980. Dort heißt es: »Executives who get there and stay suggest solutions when they present the problems.«

Charles James Fox

(1749–1806), englischer Politiker. Er war einer der bekanntesten britischen Politiker in der zweiten Hälfte des 18. Jahrhunderts. Er setzte sich für die Rechte der amerikanischen Kolonien ein, plädierte für die Abschaffung des Sklavenhandels und bekannte sich zu den Idealen der Französischen Revolution, was ihn in Großbritannien so isolierte, dass er sich aus der Politik zwischenzeitlich zurückziehen musste.

Das Zitat im englischen Wortlaut »example will avail ten times more than precept« ist aus einer Rede von Fox über Ausgaben für Kasernen vom 8. April 1796.

Benjamin Franklin

(1706–1790), amerikanischer Naturwissenschaftler, Schriftsteller, Geschäftsmann und Politiker. Sein Vermögen machte er mit einer Druckerei, die er gegründet hatte. Als Publizist wurde Franklin durch seine eigene Zeitung und das Jahrbuch »Poor Richard's Almanach« in den amerikanischen Kolonien bekannt. Franklin forschte intensiv und erfand den Blitzableiter. Als Politiker wurde er zu einer der wichtigsten Persönlichkeiten, die zur Unabhängigkeit der Amerikanischen Staaten von Amerika beitrugen.

Das Zitat wird ihm auf zahlreichen Zitatseiten im Internet, aber auch in Zitatbüchern zugeschrieben. Im englischen Wortlaut heißt es: »An investment in knowledge pays the best interest.«

Friedrich II., der Grosse

(1712–1786), preußischer König. Nachdem er sich schließlich nach dramatischen Auseinandersetzungen mit seinem Vater Friedrich Wilhelm I. arrangiert hatte, wurde er nach dessen Tod 1740 preußischer König. Von vielen Zeitgenossen als Philosophenkönig gesehen, zeigte er aber rasch sein Gesicht als Kriegsherr. Friedrich marschierte in Schlesien ein, was letztlich zu Jahrzehnten kriegerischer Auseinandersetzungen führte. Friedrich gelang es, Preußen als Macht in Mitteleuropa zu etablieren und die Entwicklung des Landes wirtschaftlich und geistig voranzutreiben.

Das Zitat wird ihm auf zahlreichen Zitatseiten im Internet, aber auch in Zitatbüchern zugeschrieben.

Robert Frost

(1875–1963), amerikanischer Dichter. Frost ist einer der bedeutendsten amerikanischen Lyriker des 20. Jahrhunderts. Seine Gedichte handeln von der Erfahrung in der Natur, setzen sich aber letztlich und vor allem mit den Fragen des Seins auseinander. Seine berühmtesten Gedichte sind »Mending Wall« und »Stopping by Woods on a Snowy Evening«.

Der hier besprochene Satz Frosts wird zitiert in dem von George Plimpton herausgegebenen Buch »Writers at Work«, erschienen bei Viking im Jahr 1963. Dort heißt es: »Thinking isn't agreeing or disagreeing. That's voting.«

Galileo Galilei

(1564–1642), italienischer Naturwissenschaftler. Er errechnete die Gesetze des freien Falls und die Trägheitsgesetze. Mit Fernrohren, deren Leistung er durch eigene Konstruktion verbessert hatte, entdeckte er die Ringe des Saturn, die ersten vier Jupitermonde und die Venusphasen. Galileos Darlegungen zum heliozentrischen Weltsystem brachten ihn vor die Inquisition. Bis an sein Lebensende musste er in Hausarrest verbleiben.

Das Zitat wird ihm auf zahlreichen Zitatseiten im Internet, aber auch in Zitatbüchern zugeschrieben.

Jean Paul Getty

(1892–1976), amerikanischer Unternehmer und Multimilliardär. Mit ausgeprägtem Geschäftssinn baute Getty das Ölgeschäft seines Vaters aus. Zeitweise besaß Getty die größte Tankerflotte der Welt. Zum Zeitpunkt, da er starb, soll er der reichste Mann der Welt gewesen sein.

Das Zitat erschien als »No one can possibly achieve any real and lasting success or ›get rich‹ in business by being a conformist« am 10. Januar 1961 in der Zeitung »International Herald Tribune«.

Johann Wolfgang Goethe

(1749–1832), deutscher Dichter, Dramatiker, Schriftsteller, Politiker und Naturwissenschaftler. Goethe gilt als das Universalgenie der Deutschen. Er war ein Meister aller literarischen Formen. Neben dem Briefroman »Die Leiden des jungen Werthers« gehören die Bühnenstücke »Faust I und II« und der Reisebericht »Die italienische Reise« zu seinen wichtigsten Werken.

Der Satz ist nachzulesen in Goethes Werke. Hamburger Ausgabe in 14 Bänden. Herausgegeben von Erich Trunz, Band 12, Hamburg, Wegner, 1958, Seite 504.

Dag Hammarskjöld

(1905–1961), schwedischer Ökonom und Politiker. Er wurde 1953 Generalsekretär der Vereinten Nationen. In den Krisen jener Zeit, insbesondere der Suez- und der Kongokrise, setzte er sich für die Wiederherstellung des Friedens ein, vor allem durch den Einsatz von UN-Friedenstruppen. Bei einer Reise zur Beilegung der Kongokrise kam er bei einem ungeklärten Flugzeugabsturz ums Leben. Ihm wurde 1961 posthum der Friedensnobelpreis zuerkannt.

Das Zitat stammt aus dem Buch Dag Hammarskjöld: Markings, Alfred A. Knopf, New York, 1964. Dort heißt es: »Never measure the height of a mountain until you have reached the top. Then you will see how low it was.«

Gerhart Hauptmann

(1862–1946), deutscher Dichter und Dramatiker. In die Literaturgeschichte ging er unter anderem ein durch seine Stücke »Die Weber«, »Der Biberpelz« und »Die Ratten«. Er verfasste außerdem Lyrik, Essays, Romane und Novellen. 1912 erhielt er den Literaturnobelpreis.

Das Zitat ist entnommen aus Gerhart Hauptmann: Sämtliche Werke, Centenar-Ausgabe in 11 Bänden, Ullstein Verlag, Frankfurt am Main/Berlin, 1963, Band 6, Seite 994.

Stephen Hawking

(geb. 1942), britischer Physiker und Mathematiker. Als Professor für diese Fächer hat er an der renommierten Universität von Cambridge den berühmten Lehrstuhl inne, den vor ihm schon Isaac Newton bekleidete. Hawking wurde 1988 weltweit schlagartig mit seinem Buch »A Brief History of Time« (Eine kurze Geschichte der Zeit) bekannt.

Aus den einleitenden Worten Hawkings zur ersten Auflage, erschienen bei Bantam Books, ist das hier besprochene Zitat entnommen. Dort heißt es: »Someone told me that each equation I included in my book would halve the sales.« Oft wird es zitiert als: «Jede mathematische Formel in einem Buch halbiert die Verkaufszahl dieses Buches.«

Christian Friedrich Hebbel

(1813–1863), deutscher Dramatiker. Vor allem berühmt ist sein häufig aufgeführtes Trauerspiel »Maria Magdalena«.

Neben weiteren Bühnenstücken gehören zu Hebbels Werk außerdem Gedichte, Balladen und Epigramme.

Das Zitat ist entnommen aus Friedrich Hebbel: Sämtliche Werke. Historisch-kritische Ausgabe bes. von Richard Maria Werner, Berlin, Behr's Verlag, 1901 ff, Abt. 2. Band 1 – 4: Tagebücher, Seite 2492.

ERNEST HEMINGWAY

(1899–1961), amerikanischer Schriftsteller. Der Meister des nüchternen Stils trat in seinen Kurzgeschichten und Romanen für die Behauptung und Entfaltung des Einzelnen in der Welt ein. Berühmt wurden unter anderem seine Romane »Wem die Stunde schlägt« und »Der alte Mann und das Meer«.

Das hier besprochene Zitat wird erwähnt im ersten Kapitel von A. E. Hotchner: Hemingway: A Personal Memoir, New York, 1966 (dt.: Papa Hemingway, München, 1966), in seinem Zusammenhang mit dem Telefonat mit Marlene Dietrich aber auch in einem weiteren Buch von A. E. Hotchner: Hemingway und seine Welt, Wilhelm Heyne Verlag, München, 1990, Seite 11.

HERMANN HESSE

(1877–1962), deutscher Dichter und Schriftsteller, erhielt 1946 den Nobelpreis für Literatur. Bedeutende Werke sind die Romane »Unterm Rad«, »Der Steppenwolf«, »Das Glasperlenspiel«, »Narziss und Goldmund«. Auch als Lyriker hat Hesse große Bedeutung erlangt.

Das Zitat ist entnommen aus Hermann Hesse: Lektüre für Minuten, Suhrkamp Verlag, Frankfurt/Main, 1971, Seite 50, und stammt ursprünglich aus dem Roman »Das Glasperlenspiel«, Suhrkamp Verlag, 2002.

Hugo von Hofmannsthal

(1874–1929), österreichischer Schriftsteller, Dichter und Dramatiker. Der Literatur und den Mythen des Abendlandes verhaftet, steht Hofmannsthal an der Schwelle zu der Moderne. Als Wunderkind erwies er sich durch seine frühe Dichtung, später verfasste er Erzählungen, schuf Opernlibretti und Werke für das Theater wie »Jedermann« oder »Der Unbestechliche«.

Das hier besprochene Zitat stammt aus Hugo von Hoffmannsthal: Gesammelte Werke in Einzelausgaben. Aufzeichnungen. Herausgegeben von Herbert Steiner, Frankfurt am Main, S. Fischer Verlag, 1959, Seite 47.

Edward Hopper

(1882–1967), amerikanischer Maler, der vor allem für seine Gemälde von einsamen Stadtszenarien und Landschaften berühmt wurde. Besonders bekannt sind »Nachtschwärmer« und »Benzin«.

Das Zitat wird erwähnt in Gail Levin: »Edward Hopper – Ein intimes Porträt«, List-Verlag, München, 1998, Seite 15. Sie verweist wiederum auf Brian O'Doherty: »Portrait: Edward Hopper« in »Art in America«, Nr. 52, Dezember 1964, Seite 69.

John F. Kennedy

(1917–1963), amerikanischer Politiker. Der 35. US-Präsident war ein Hoffnungsträger der frühen 1960er-Jahre und das trotz des ein oder anderen politischen Fehlgriffs und Rückschlags. Letztlich stand und steht Kennedy für mannigfache Erneuerungs- und Fortschrittsbestrebungen demokratisch geprägter Gesellschaften.

Die hier wiedergegebene Aussage stammt von einer Pressekonferenz vom 21. März 1962, in der Kennedy im Wortlaut sagte: »... there is always inequity in life. Some men are killed in a war and some men are wounded, and some men never leave the country, and some men are stationed in the Antarctic and some men are stationed in San Francisco. It is very hard in the military or personal life to assure complete equality. Life is unfair.« Die Aussage ist dokumentiert in: Public Papers of the Presidents of the United States: John F. Kennedy, 1962, Seite 259.

Robert F. Kennedy

(1925–1968), amerikanischer Politiker. Der jüngere Bruder von John F. Kennedy war von 1961 bis 1964 Justizminister der USA, wurde 1965 Senator von New York und kandidierte 1968 für das Amt des US-Präsidenten. Während des Wahlkampfs wurde er ermordet.

Das Zitat, das von ihm im US-Präsidentschaftswahlkampf von 1968 oft benutzt wurde, heißt im eigentlichen Wortlaut: »Some men see things as they are and say, why; I dream things that never were and say, why not.« Es stammt aus George Bernard Shaw: Back to Methuselah, 1. Akt. In: Selected Plays with Prefaces, Band 2, Seite 7 (1949). Dort heißt es: »You see things; and you say ›Why?‹ But I dream things that never were; and I say ›Why not?‹«

Konfuzius

(um 551–um 471), chinesischer Philosoph, dessen Lehre bis heute vor allem in China maßgeblich auf Familie, Gesellschaft und Politik wirkt. Das Wertesystem des Konfuzius ist hierarchisch geprägt. Es baut auf den Tugenden des Gehorsams und der Pflichterfüllung auf und setzt mit ethisch hohem Anspruch auf Bewahrung gewachsener Bande. Von

Konfuzius selbst ist nichts Schriftliches erhalten. Überlieferte Texte sind Aufzeichnungen seiner Schüler.

Das Zitat auf S. 59: »Einen Fehler machen und ihn nicht korrigieren – das erst heißt wirklich einen Fehler machen«, ist im gleichen Buch auf Seite 103 zu finden.

Das Zitat auf S. 78: »Der Edle verhält sich zu allen gleich, der Gemeine hingegen liebt Kumpanei und Cliquenwirtschaft«, ist entnommen aus Konfuzius: Gespräche (Lun-yu), Reclam, Stuttgart, 1998, Seite 12.

Karl Kraus

(1874–1936), österreichischer Schriftsteller, Essayist und Kulturkritiker. Berühmt wurde vor allem die von ihm gegründete Zeitschrift »Die Fackel«, in der er später nur noch seine eigenen Arbeiten veröffentlichte. Wortgewaltig und mit bissigem Witz stemmte er sich gegen den Niedergang von Sprache, Kultur und Gesellschaft.

Der Satz auf S. 52: »Moral ist, wenn grad niemand dabei ist«, stammt aus dem Text »Definitionen«, aus Karl Kraus: Werke, Band 7, Limes Verlag, München.

Das Zitat auf S. 67: »Herr, vergib ihnen, denn sie wissen, was sie tun!«, ist zu finden in Karl Kraus: Schriften, herausgegeben von Christian Wagenknecht, Band 8: Aphorismen, Frankfurt am Main, Suhrkamp, 1986, Seite 163.

François Duc de La Rochefoucauld

(1613–1680), französischer Schriftsteller. Er war an dem letztlich gescheiterten Adelsaufstand gegen den Kardinal Richelieu und den jungen Ludwig XIV. beteiligt, zog sich danach ins Privatleben zurück und wurde ein gefeierter Schriftsteller, der sich geistreich über das Wesen und die Laster der Menschen auszulassen wusste.

Der Satz auf Seite 56: »Schwache Menschen können nicht aufrichtig sein«, ist in demselben Werk auf Seite 47 nachzulesen.

Das Zitat auf Seite 91: »So häufig sich der Geschmack ändert, so selten die Neigungen«, stammt aus seinen berühmten »Maximen und Reflexionen«, Reclam, Stuttgart, 1965, Seite 38.

Stanislaw Jerzy Lec

(1909–1966), polnischer Lyriker, der weit über die Grenzen seines Landes vor allem für seine scharfsinnigen Aphorismen bekannt wurde.

Das hier aufgeführte Zitat ist zu finden in Stanislaw Jerzy Lec: Sämtliche unfrisierte Gedanken. Dazu Prosa und Gedichte. Sanssouci Verlag., München, 1999.

Le Corbusier

(1887–1965), französisch-schweizerischer Architekt und Designer. Eigentlich hieß er Charles Édouard Jeanneret. Sein umfangreiches und vielgestaltiges Werk umfasst neben architektonischen Meisterwerken wie dem Gebäude der UNO in New York oder der Wallfahrtskapelle Ronchamp – an beiden sieht man die Spanne seines Werkes zwischen Funktionalismus und Symbolismus – bedeutende Arbeiten in Design, Malerei, Publizistik und Städteplanung.

Die zitierten Worte erschienen als: »I prefer drawing to talking. Drawing is faster, and allows less room for lies.« »Time Magazine« vom 5. Mai 1961.

Jerry Lewis

(geb. 1926), amerikanischer Komiker, Schauspieler und Filmregisseur. Er wurde in den 1950er-Jahren mit seinem

Schauspielpartner Dean Martin in diversen Filmkomödien berühmt. Bald folgten erste Regiearbeiten in Filmen gleichen Genres. Bekannt sind vor allem »Der verrückte Professor« und »Zu heiß gebadet«.

Das Zitat ist zu finden in Jerry Lewis: Wie ich Filme mache, Rowohlt, Hamburg, 1976, Seite 9.

Astrid Lindgren

(1907–2003), schwedische Schriftstellerin. Sie begann erst sehr spät mit ihrer schriftstellerischen Karriere. Von den vielen von ihr ersonnenen Figuren wurden neben Pippi Langstrumpf vor allem Karlsson vom Dach, Michel aus Lönneberga und Ronja, die Räubertochter berühmt.

Das Zitat ist die sinngemäß verkürzte Wiedergabe einer Äußerung, die Astrid Lindgren 1959 in einem Interview machte. Im Wortlaut heißt es dort: »Wenn ich jemals beabsichtigt hätte, die Figur der Pippi zu etwas anderem als der Unterhaltung meiner jungen Leser dienen zu lassen, so wäre es dieses: ihnen zu zeigen, dass man Macht haben kann, ohne sie zu missbrauchen.« (Zitiert nach de.Wikiquote.org)

John Locke

(1632 – 1704), englischer Philosoph. Locke ist einer der bedeutendsten Philosophen der Aufklärung. Neben Überlegungen zur menschlichen Wahrnehmung veröffentlichte er auch wirtschaftstheoretische Arbeiten. Besonders prägend für die Geschichte waren aber seine Schriften über den Staat, die mit ihren Forderungen nach Gewaltenteilung und der Trennung von Staat und Kirche nicht nur das geistige Fundament für die Französische Revolution legten, sondern auch für die Demokratien in Nordamerika, Australien und Europa.

Die beiden hier erwähnten Zitate stammen aus John

Locke: An Essay Concerning Human Understanding, 1689. Dort steht das Zitat von S. 121 als: »New opinions are always suspected, and usually opposed, without any reason but because they are not already common.« Und das von S. 128 als: »It is one thing to show a man that he is in an error, and another to put him in possession of truth.«

Niccolò Machiavelli

(1469–1527), italienischer Staatstheoretiker und Schriftsteller. Er arbeitete im Staatsdienst des Stadtstaates Florenz, verlor später seine Ämter, wurde eingekerkert und gefoltert, schließlich aber freigelassen. In der Verbannung auf seinem Landgut verfasste er dramatische, literarische, historische und staatstheoretische Werke, unter anderem das berühmt-berüchtigte Buch »Der Fürst«.

Das hier besprochene Zitat stammt aus dem 22. Kapitel von Machiavellis Werk »Discorsi sopra la prima deca de Tito Livio« (Erörterungen über die erste Dekade des Titus Livius), aus dem Jahr 1531, das im Deutschen auch den Titel »Der Staat« trägt.

Eva Mattes

(geb. 1954), deutsche Schauspielerin. Sie wurde bekannt durch Rollen in Filmen von Rainer Werner Fassbinder und festigte ihren Ruf als außergewöhnliche Schauspielerin in Filmen von Michael Verhoeven, Werner Herzog und Percy Adlon. Sie feierte Erfolge am Theater unter anderem bei Peter Zadek. Seit 2002 spielt sie die Tatort-Kommissarin Klara Blum.

Das Zitat ist aus einer Sendung der ARD-Porträt-Reihe »höchstpersönlich«, die über sie gemacht wurde.

Christian Morgenstern

(1871–1914), deutscher Dichter. Er verfasste Texte für das Kabarett, übersetzte Ibsen, Strindberg und Hamsun, wurde aber vor allem durch seine skurrile und wortspielerische Lyrik berühmt. Besonders bekannt sind die Gedichtsammlungen »Galgenlieder«, »Palmström«, »Palma Kunkel« und »Der Gingganz«.

Das Zitat ist aus Christian Morgenstern: Stufen. Eine Entwicklung in Aphorismen und Tagebuchnotizen, München, Piper, 1929, Seite 149.

Napoleon I.

(1769–1821), französischer General und Kaiser. Als Militär wurde der als Napoleon Bonaparte geborene während der Französischen Revolution bekannt. Er schlug 1795 den Aufstand der Königstreuen nieder und besiegte im Italienfeldzug Österreich. Durch einen Staatstreich wurde er alleiniger Machthaber in Frankreich. Er ordnete den Staat neu und ließ sich schließlich zum Kaiser krönen. Napoleons militärischer Expansionsdrang, der ihn in zahlreichen Feldzügen und durch oft brillant gewonnene Schlachten zum mächtigsten Mann Europas werden ließ, führte ihn schließlich in den verhängnisvollen Russlandfeldzug. Nach der verlorenen Völkerschlacht bei Leipzig 1813 gegen eine Allianz feindlicher Staaten, zwischenzeitlichem Exil auf Elba, musste Napoleon nach der Niederlage in der Schlacht von Waterloo endgültig abdanken und wurde nach St. Helena verbannt.

Das Zitat wird ihm zugeschrieben.

Friedrich Nietzsche

(1844–1900), deutscher Philosoph. Ausgehend von einer tief greifenden Kritik an der Kultur seiner Zeit, kulminierte

Nietzsches Denken schließlich in der Forderung, Scheinwerte zu überwinden, und setzte an ihre Stelle Ideen, die antichristlich geprägt waren und die ihn zum Wegbereiter des Nihilismus und der Existenzphilosophie machten. Von seinen Schriften wurden besonders »Also sprach Zarathustra« und »Der Antichrist« berühmt.

Das Zitat stammt aus Friedrich Nietzsche: Menschliches, Allzumenschliches II, Band 1, Seite 83.

Aristoteles Onassis

(1906–1975), griechischer Reeder. Sein erstes Vermögen machte er, indem er Tabak von der Türkei nach Argentinien importierte. Dann stieg er ins Reedereigeschäft ein. Onassis besaß schließlich über 30 Schifffahrtsgesellschaften und engagierte sich im Immobilen- und Bankengeschäft. Außerdem gehörte ihm die größte griechische Fluggesellschaft. Weltweit als Lebemann bekannt, sorgte er durch seine Liaison zu Maria Callas und durch seine Ehe mit Jacqueline Kennedy für Aufsehen.

Das Zitat erschien als »The secret of business is to know something that nobody else knows« in »The Economist« vom 1. November 1991.

Jean Paul

(1763–1825), deutscher Schriftsteller. Er hieß eigentlich Johann Paul Friedrich Richter. Durch sein Werk ist er ein Außenseiter der Literatur. Seine ausschweifende Fabulierkunst sprengte oft den Handlungsrahmen. Besonders bekannt sind die Erzählungen »Des Feldpredigers Schmelzle Reise nach Flätz«, »Das Leben des vergnügten Schulmeisterlein Maria Wuz« und die Romane »Siebenkäs« und »Flegeljahre«.

Das Zitat »Zehn Küsse werden leichter vergessen als ein Kuss« ist aus Jean Paul: Sämtliche Werke. Historisch-kritische Ausgabe, herausgegeben von Eduard Berend u. a., Weimar, Hermann Böhler Nachf., 1927 ff., Bemerkungen über den Menschen, Band 5, Seite 394.

Der Satz »Wer nicht sucht, wird bald nicht mehr gesucht.« stammt aus dem gleichen Band und steht dort auf Seite 228.

PABLO PICASSO

(1881–1973), spanischer Maler, Bildhauer und Keramiker, der vermutlich einflussreichste Künstler des 20. Jahrhunderts. Berühmte Gemälde seines umfangreichen und vielseitigen Werkes sind unter anderem »Die Mädchen von Avignon« und »Guernica«.

Das in der Literatur zur Kunst häufig genutzte Zitat ist zum Beispiel dem Vorwort vorangestellt in Jürgen Tesch, Eckhard Hollmann (Hrsg.): Kunst! Das 20. Jahrhundert, Prestel-Verlag, München und New York, 1997.

NEIL POSTMAN

(1931–2003), amerikanischer Autor und Zukunftsforscher. Er wurde 1988 durch seinen medien- und gesellschaftskritischen Bestseller »Wir amüsieren uns zu Tode« weltweit bekannt. Darin schilderte er, dass technischer Wandel auch gesellschaftlichen Wandel mit sich bringe. Mit dem Buch »Das Technopol« von 1992 erweiterte Postman seine Betrachtung und formulierte sie in einer Kritik über den unreflektierten Gebrauch von Medien.

Das Zitat stammt aus einem Artikel in »Handelsblatt KARRIERE« vom 24.9.1993

Elvis Presley

(1935–1976), amerikanischer Popmusiker. Der »King of Rock'n Roll« ebnete den Weg für die spätere Popmusik. Mit Songs wie »Heartbreak Hotel« aus seiner frühen Rock'n Roll-Phase, später zahlreichen Hollywoodfilmen sowie vielen weiteren Hits, Popsongs wie »In the Ghetto« und »Suspicious Minds«, weltweiten TV-Shows, umjubelten Las Vegas Shows wurde er zu einer Ikone der Kultur des 20. Jahrhunderts.

Die zitierten Worte sagte er auf einer Pressekonferenz am 9. Juni 1972 im New York Hilton Hotel, die auch auf Film festgehalten wurde. Im Wortlaut heißt es: »Frage: Elvis, are you ... are you satisfied with the image you've established? Elvis: Well, the image is one thing, and a human being is another, you know. Frage: How close does it come? How close does the image come to the man you really are? Elvis: It's very hard to live up to an image. I'll put it that way.«

Walther Rathenau

(1867–1922), deutscher Unternehmer und Politiker. Rathenau war Jude und deutscher Patriot. Der Sohn des Gründers der AEG, später selber Vorsitzender des Aufsichtsrates des Unternehmens, organisierte und leitete im Ersten Weltkrieg die deutsche Kriegswirtschaft. Als Politiker in der Weimarer Republik setzte er sich für die Erleichterung der Lasten ein, die Deutschland durch den Versailler Vertrag auferlegt worden waren. Durch seine politischen und gesellschaftlichen Schriften war Rathenau einer der meistgelesenen Autoren seiner Zeit. Zuletzt Außenminister, erlag er dem Attentat zweier antisemitischer Exmilitärs.

Der Satz, der Rathenau zugeschrieben wird, wird auf zahlreichen Internetseiten zitiert, aber auch in wissenschaftlichen Lehrbüchern wie Philip Kotler, Friedhelm Bliemel: Marketing-Management, 10. Auflage, Schäffer-Poeschel Verlag, Stuttgart, Seite 657.

OTTO REHHAGEL

(geb. 1938), deutscher Fußballtrainer. Er gewann mit Werder Bremen dreimal die Deutsche Fußballmeisterschaft und zweimal den DFB-Pokal und mit dem gleichen Club einmal den Europapokal der Pokalsieger. 2004 wurde er als Trainer der griechischen Nationalmannschaft Europameister.

Das Zitat stammt aus einem Interview für die dpa, das unter anderem am 2. Juli 2004 in »DER STANDARD« und am 5. Juli 2004 in FAZ-net veröffentlicht wurde.

ERIK SATIE

(1866–1925), französischer Komponist. Die von Satie geschaffenen Musikstücke scheinen keinerlei Dramaturgie oder Entwicklung zu folgen. In ihrer jeglicher Romantik fernen Ausstrahlung waren sie von starker Wirkung auf die musikalische Moderne, den Kubismus, Dadaismus und Futurismus. Bedeutende Werke Saties sind die Klavierstücke »Trois gymnopedies« und das Ballett »Parade«.

Das Zitat ist unter anderem zu finden im »Bulletin des Editions Musicales« vom Dezember 1913.

ARTHUR SCHNITZLER

(1794–1872), österreichischer Schriftsteller. In enger Freundschaft mit Sigmund Freud verbunden, nutzte er dessen psychoanalytische Erkenntnisse in seinen eigenen Werken. Schnitzlers Einakter und Novellen schilderten anhand der Schicksale Einzelner den gesellschaftlichen Verfall seiner Zeit. Die sensibel gesetzten Töne und der Einsatz des »inneren Monologs« gehörten zu den Kennzeichen seines Stils, der der deutschen Literatur neue Wege aufzeigte. Wichtige Werke sind die Novellen »Leutnant Gustl«, »Traumnovelle« (nach deren Motiven Stanley Kubrick seinen letzten Film »Eyes Wide Shut« drehte) und der Einakter »Der grüne Kakadu«.

Das Zitat ist aus Arthur Schnitzler: Gesammelte Werke. Aphorismen und Betrachtungen, herausgegeben von Robert O. Weiss, Frankfurt am Main, S. Fischer, 1967, »Kleine Sprüche«, Seite 27.

Michael Schumacher

(geb. 1969), deutscher Autorennfahrer. Er ist der erfolgreichste Rennfahrer in der Geschichte der Formel 1. Sieben Mal gewann er den Weltmeistertitel. Niemand siegte in so vielen Rennen der so genannten Königsklasse des Autorennsports wie er.

Das hier erwähnte Zitat wurde 2004 in der Tageszeitung »Rheinische Post« als »Zitat des Tages« auf der ersten Seite veröffentlicht.

George Bernard Shaw

(1856–1950), irischer Schriftsteller, Essayist und Dramatiker. Nobelpreisträger. Anfangs eher politisch und journalistisch aktiv, wandte sich Shaw schließlich der Literatur zu. Mit seinen zahlreichen Theaterstücken wurde er zu dem bedeutendsten Dramatiker der englischen Sprache im 20. Jahrhundert. 1925 erhielt er den Nobelpreis für Literatur. Wichtige Stücke Shaws sind »Pygmalion«, »Frau Warrens Gewerbe« und »Die heilige Johanna«.

Das Zitat erscheint als: »If history repeats itself, and the unexpected always happens, how incapable must Man be of learning from experience!«, in George Bernard Shaw: »Maxims for Revolutionists«, in: Selected Plays with Prefaces, Band 3, 1948, Seite 742.

Bruce Springsteen

(geb. 1949), amerikanischer Rockmusiker. Er wurde in der Mitte der 1970er-Jahre berühmt. Er ist ein Symbol für den ehrlichen Amerikaner aus der Arbeiterschicht. Seine Musik ist erdiger, bodenständiger Rock, zugleich aber urban, seine mitreißende Präsenz auf der Bühne machte ihn zum Superstar. Berühmte Songs sind »Born in the USA« und »Born to Run«, letzterer von gleichnamiger LP. Eine weitere wichtige LP ist »Nebraska«, die er mit sparsamer Instrumentierung aufnahm und die eine Art Roadmovie für die Ohren ist.

Das Zitat ist nachzulesen in John Duffy (Herausgeber): Bruce Springsteen – In eigenen Worten. Aus dem Amerikanischen von Sylke Wintzer und Peter Dürr, Palmyra Verlag, Heidelberg, 1999.

Sylvester Stallone

(geb. 1946), amerikanischer Schauspieler, Drehbuchautor und Regisseur. Berühmt wurde er durch den Boxerfilm »Rocky«, für den er auch das Drehbuch verfasst hatte. Während dieser Film noch durch differenziertere Charakterzeichnungen auffiel und zahlreiche Preise erhielt, gerieten dessen Fortsetzungen, vor allem aber die Filme um den Kämpfer »Rambo«, zu patriotisch gefärbten Schwarz-Weiß-Darstellungen.

Das Stallone zugeschriebene Zitat wird unter anderem zitiert in Patrick Robertson: Das neue Guinness Buch Film, Ullstein Verlag, Frankfurt am Main, Berlin, 1993, Seite 74. In der Zitatsammlung von Barabara Rowes »The Book of Quotes«, erschienen bei Ballantine Books, 1979, wird es so zitiert: »I am a sensitive writer, actor and director. Talking business disgusts me. If you want to talk business, call my disgusting personal manager.«

Henry David Thoreau

(1817–1862), amerikanischer Schriftsteller. Thoreau wurde vor allem mit seinem Buch »Walden« weltweit berühmt und fand Anhänger vor allem bei denjenigen, die in der Zeit der Moderne nach Lebensformen suchen, die sich wieder stärker an der Natur orientieren. Thoreaus Schrift »Resistance to Civil Government« wurde zur inspirierenden Quelle der Bürgerrechtsbewegung der 1960er-Jahre.

Das Zitat auf S. 42 stammt aus Henry David Thoreau: Walden, 1854. Dort heißt es im ersten Abschnitt mit dem Titel »Economy«: »I say, beware of all enterprises that require new clothes, and not rather a new wearer of clothes. If there is not a new man, how can the new clothes be made to fit?«

Das Zitat von S. 108 steht im selben Absatz und lautet: »What a man thinks of himself, that is what determines or rather indicates his fate.«

Giuseppe Tomasi di Lampedusa

(1896–1957), italienischer Schriftsteller. Der sizilianische Adelige erlebte die Veröffentlichung seines einzigen Romans »Der Leopard« nicht mehr. Seine schriftstellerische Tätigkeit nahm er erst sehr spät auf. »Der Leopard« wurde von Luchino Visconti verfilmt. Der Film gewann 1963 die Goldene Palme bei den Filmfestspielen von Cannes.

Das Zitat stammt aus »Der Leopard«. Im Film wird es von Burt Lancaster in seiner Rolle als Don Fabrizio gesagt. Dort heißt es in der deutschen Fassung: »Es muss sich alles ändern, damit alles so bleibt, wie es ist.«

GEORG STEFAN TROLLER

(geb. 1921), österreichischer Journalist und Dokumentarfilmer. Troller hat Klassiker des Dokumentarfilms geschaffen. Mehr als zwei Jahrzehnte liefen im ZDF ab 1972 seine berühmten »Personenbeschreibungen«. Charakteristisch an Trollers Stil ist das immer interessierte und neugierige, aber die Würde des Porträtierten achtenden Beobachtens. Immer wieder geht es letztlich um das Individuum und dessen Fertig- oder Nicht-Fertigwerden mit dem Leben. Bedeutende Filme sind »Mord aus Liebe«, »Amok«, und aus den Personenbeschreibungen unter anderem »Ron Kovic: Warum verschwindest du nicht?«

Das Zitat stammt aus Trollers Dokumentarfilm »Liebe in Hollywood«.

SUN TSU

(um 500 v. Chr.), eigentlich Sun Wu, chinesischer General und Militärstratege. Sein Buch »Die Kunst des Krieges« gilt als eine der frühesten Schriften über Strategie und bis heute übt es auch durch seinen knappen, aphoristischen Stil einen starken Einfluss aus.

Das Zitat stammt aus diesem Werk.

KURT TUCHOLSKY

(1890–1935), deutscher Schriftsteller, Feuilletonist und Satiriker. Er war Mitarbeiter und später Herausgeber der Zeitung »Schaubühne«, die später »Weltbühne« hieß. Neben seinem lyrischen Werk hinterließ Tucholsky auch mit der Erzählung »Rheinsberg« und dem Roman »Schloss Gripsholm« bleibende Spuren in der deutschen Literatur des 20. Jahrhunderts.

Der hier zitierte Satz ist entnommen aus Kurt Tucholsky: »Schnipsel«, »Die Weltbühne«, 8. März 1932, Seite 377.

Mark Twain

(1835–1910), eigentlich Samuel Langhorne Clemens, amerikanischer Schriftsteller. Der Autor berühmter Romane wie »Tom Sawyers Abenteuer« und »Die Abenteuer des Huckleberry Finn« gilt in der Literatur nicht nur als großer Humorist, sondern auch als scharfer Beobachter der Gesellschaft.

Das Zitat ist in seinem »Notebook« als Notiz im Jahr 1904 zu finden: »Whenever you find yourself on the side of the majority, it is time to reform (or pause and reflect).«

Andy Warhol

(1928–1987), amerikanischer Maler, Grafiker und Filmkünstler. Warhol wurde zu Beginn der 1960er-Jahre berühmt. Zunächst ein bedeutender Vertreter der amerikanischen Pop-Art, entwickelte er sich nicht nur über die Stilisierung seiner eigenen Person zu einem der wichtigsten Künstler des 20. Jahrhunderts. Warhol reflektierte Massenmedien und Massenkultur und setzte sie in den Motiven und der Ausführung seiner Arbeiten, unter anderem durch Anwendung industrieller Verfahren um. Bilder wie »Elvis Presley«, »Marilyn Monroe« sind Ikonen der modernen Kunst. Berühmt wurde auch Warhols besondere Arbeitsweise in der »Factory«, in der er durch Assistenten, mit denen er auch zusammenlebte, viele seiner Arbeiten ausführen ließ.

Das Zitat ist entnommen aus Victor Bockris: Andy Warhol, Claassen Verlag, Düsseldorf, 1989, Seite 398.

George Washington

(1732–1799), amerikanischer General und Staatsmann. Washington führte die amerikanischen Truppen im Unabhängigkeitskrieg erfolgreich gegen die Engländer. 1789 wurde er zum 1. Präsident der Vereinigten Staaten von Amerika gewählt.

Das Zitat ist aus Washingtons »General Orders« vom 6. Juli 1777. Zu finden in John C. Fitzpatrick (Herausgeber): The Writings of George Washington, Band 8, 1933, Seite 359. Dort steht es als: »Nothing can be more hurtful to the service, than the neglect of discipline; for that discipline, more than numbers, gives one army the superiority over another.«

Wim Wenders

(geb. 1945), deutscher Filmregisseur. Die Kamera in Wim Wenders' Filmen beobachtet mit anscheinend stoischer Ruhe die Ereignisse und Protagonisten. Lange Einstellungen, überhaupt eine gewisse Langsamkeit des Erzählrhythmus, prägen Wenders' Stil. Seine Filme erscheinen oft wie Anleitungen, sehen zu lernen. Besonders bedeutende Arbeiten von Wenders sind die Spielfilme »Der Himmel über Berlin«, »Paris, Texas« und der Dokumentarfilm »Buena Vista Social Club«.

Das Zitat ist aus dem Artikel »Ich habe einen Traum«, erschienen in »Die Zeit« Nr. 41, vom 1.10.2003, Seite 72, aufgezeichnet von Gunnar Luetzow.

Vivienne Westwood

(geb. 1941), britische Modemacherin und Designerin. Sie gründete ihr erstes Geschäft 1971 in London und wurde in der zweiten Hälfte der 1970er-Jahre, der Ära des Punk und des New Wave bekannt. Damals hatte sie eine Liebes- und Geschäftsbeziehung zu Malcolm McLaren, dem Manager der Punkband Sex Pistols, die sich in ihrem Laden, der nun »Sex« hieß, einkleideten. Bis heute ist Vivienne Westwood eine bedeutende Impulsgeberin der Avantgarde in der Modeszene.

Das hier angegebene ihr zugeschriebene Zitat war unter anderem im Februar 2005 auf der Webseite der Zeitschrift »BRIGITTE« zu finden.

Oscar Wilde

(1854–1900), irischer Schriftsteller. Berühmt wurde der Dandy und Lebemann vor allem für seinen Roman »Das Bildnis des Dorian Gray« und die Kindergeschichte »Das Gespenst von Canterville«. Wilde verfasste außerdem zahlreiche Gesellschaftskomödien. Seine Aphorismen sind weltberühmt.

Das Zitat stammt aus dem 3. Akt des Stückes »Lord Darlington«. Dort heißt es im Original: »A cynic is a man who knows the price of everything, and the value of nothing.«

Ludwig Wittgenstein

(1889–1951), österreichisch-englischer Philosoph. Wittgenstein gilt als Begründer der Sprachphilosophie und übte großen Einfluss auf das Denken des 20. Jahrhunderts aus, insbesondere durch sein einziges zu Lebzeiten gedrucktes Werk, den »Tractatus logico-philosophicus«. Seine Erörterungen zur Sprache, dem Versuch, durch Logik Probleme der Philosophie und der zwischenmenschlichen Kommunikation zu lösen, strahlten auf die Philosophie, die Logik und Mathematik des 20. Jahrhunderts aus.

Das Zitat ist entnommen aus Ludwig Wittgenstein: Wiener Ausgabe »The Big Typescript«, Michael Nedo (Herausgeber), Zweitausendeins, Frankfurt am Main, Seite 368.

Schlagworte

Die Zuordnung der Zitate erfolgt nach inhaltlichen Gesichtspunkten. Zuweilen führt das dazu, dass ein unter einem Schlagwort aufgeführtes Zitat auf den ersten Blick nicht ganz zutreffend erscheinen mag. Doch liest man dann das entsprechende Kapitel, zeigt sich, dass es einen Bezug zu dem Schlagwort hat. Beispiel: Wenn man unter dem Schlagwort »Teams« nachsieht, scheint das Kurt-Tucholsky-Zitat: »Man kann eine Sache auch zwanzig Jahre lang falsch machen«, nicht besonders passend. Denn was hat diese Feststellung mit Teams zu tun? Im dazugehörigen Text aber findet man dann Hinweise zu der Zusammensetzung von Teams, in diesem Falle im Hinblick auf Erfahrungen.

Da die Zitate vielschichtig anwendbar sind, kommt es zu Mehrfachnennungen.

Chancen

Delegieren

Disziplin

Durchsetzung

Erfolg

Fehler

Forschung

Führung

Ideen

Identität

Information

Innovation

Instrumente

Karriere

Qualität

Regeln

Selbstmanagement

Veränderungen

Wettbewerb

Wissen

Ziele und Zielsetzung

Liste der 100 Zitate